Alfred Meißner

# Unterwegs

*Reisebilder*

weitsuechtig

Alfred Meißner

**Unterwegs**

Reisebilder

ISBN/EAN: 9783956561047

Auflage: 1

Erscheinungsjahr: 2013

Erscheinungsort: Bremen, Deutschland

@ weitsuechtig in Access Verlag GmbH. Alle Rechte beim Verlag und bei den jeweiligen Lizenzgebern.

weitsuechtig

# Unterwegs.

Reisebilder

von

Alfred Meißner.

Leipzig,
Ernst Julius Günther.
1867.

## Vorwort.

———

Scheinbar in keinem ungünstigern Momente konnten diese anspruchslosen Bilder, in ruhiger Zeit, in hellen Sommertagen geschrieben, ans Licht treten, als jetzt, wo sich die Gewitterwolken von allen Seiten zusammenballen, der Donner bereits hörbar wird, fahle Blitze hereinleuchten und die Welt in banger Erwartung den Ereignissen, die da kommen sollen, entgegensieht.

Alle Zeichen am Himmel und auf Erden scheinen einen Riesenkampf anzukündigen, wie ihn Europa seit dem Untergange des ersten französischen Imperators nicht wieder gesehen.

Schon jetzt hat die halbe Welt das Aussehen eines Kriegslagers.

Und was das Schlimmste, nirgends, mit Ausnahme Italiens, steht ein Volkskrieg im echten Sinne des Wortes in Aussicht! Deutschlands Geschicke stehen zwar auf dem Spiele, aber die Nation als solche, von directer Theilnahme geflissentlich ausgeschlossen, steht nur als unvermeidlicher Zuschauer da, und obwohl das gewaltige Kriegsschauspiel auf ihre eigenen Kosten aufgeführt wird und die Acteurs desselben gleichsam mit ihrem eigenen Herzblut geschminkt sind, weiß sie den eigentlichen Titel des blutigen Dramas nicht voraus.

So ist die Nation momentan in der Lage, die Plagen und Schrecknisse des Kriegs zu empfinden, ohne den Trost zu haben, welchen die Aussicht auf ein allgemein ersehntes Endziel in sich führt. Das Wort „deutsches Parlament", das aus hoher diplomatischer Region unverhofft, aber auch flüchtig wie ein Blitz hervorgeschleudert wurde, ist allein und für sich genommen nicht mächtig genug, Sympathien zu wecken, die Gemüther anzufeuern und jahrelang gehegtes Mißtrauen in jenes Vertrauen zu verwandeln, das man braucht, wenn man dem Kampf entgegengeht. Dieses Wort hat daher nur die Wirkung eines Orakelspruchs, den Jeder nach Belieben deutet, ohne zu einer klaren Gewißheit zu gelangen. Nur das Eine scheint gewiß, daß Deutschlands Völker, achtzehn Jahre nach der großen Einheitsbewegung wieder an den Wagen einer gewaltsamen Cabinetspolitik gespannt, diesen durch Dick und Dünn, über Leichen und zertretene Saaten hinwegschleppen sollen. Auf diese Weise ist die gegenwärtige Haltung des deutschen Volkes — man nenne sie Apathie oder düstere Ergebung — zu begreifen, und der ungerechte Vorwurf, daß ihm Aufschwung und Begeisterung mangle, könnte ihm nur von denjenigen gemacht werden, welche es am liebsten, jedem Winke gehorsam, jederzeit nach ihrer Trommel marschiren und nach ihrer Pfeife tanzen sehen möchten.

Eine so tiefe Verstimmung hat sich zum Theil der besten Patrioten bemächtigt, daß sie auf Stunden lieber vergessen, als den Ereignissen folgen oder gar thätig eingreifen möchten. Ich selber überrasche mich bei einer solchen Gemüthsstimmung, indem ich in meiner kriegsbewegten Vaterstadt, deren Pflaster vom Rollen abfahrender Munitionswagen dröhnt, von Waffen umtobt, gleich dem syrakusanischen Gelehrten dieses Vorwort niederschreibe.

So werden sich auch in dieser Zeit Leser finden, die ein Buch in die Hand nehmen, um ihre Gedanken von der Trauer über noch so verworrene Zeitläufe abzulenken und in der Laube sitzend die erwartungsvollen Pausen zwischen Telegramm und Telegramm auszufüllen.

Prag, 28. Mai 1866.

Alfred Meißner.

# Bregenz und Bregenzerwald.

## I.

Der Horizont erweitert sich ins Endlose. Es ist, als blickte das Auge in eine unermeßliche lichtblaue Glasglocke, aus welcher magisch unbestimmte Contouren langsam hervortauchen. Alles ist blau: die Luft, die Ferne. Da zeigt sich im blässern Blau ein tiefgefärbter, unendlich ausgedehnter Streifen, in welchem goldene Flimmer aufblitzen. Das ist der Bodensee. Wir nähern uns ihm windschnell. Bald rollt der Zug gleichsam mitten hinein ins tiefe, flüssige Element, man sieht kaum den Damm, über den er hinwegsetzt, um die Stadt zu erreichen, die auf einer Insel im Mittagssonnenlichte glänzt. Wir sind in Lindau.

Wir fliegen nur durch. Ein kleiner Dampfer wartet bereits und pustet ungeduldig. Wir nehmen unter dem Zeltdache Platz. Unmittelbar darauf wird die Brücke weggenommen. Und nun geht es zwischen dem monumentalen Löwen und dem netten Leuchtthurm hinein in die schimmernde Spiegelfläche des schwäbischen Meeres.

Man muß monatelang quer und krumm durch finstere Gassen umhergewandert sein, um das Glück eines solchen Moments recht zu empfinden. Waldesgrün, Almwiesen, Felsabstürze, schneebedeckte Berghäupter, alles das auf einmal wiederzusehen, nachdem man es gekannt, geliebt und lange vermißt hat, das beglückt, das befreit! Es wiederholt sich in der Menschenbrust gleichsam das Gefühl Adam's, wie er zum ersten Male mit staunenden Augen in die gestern geschaffene Gotteswelt blickt. Man hat keine Ruhe mehr, man möchte mitten hineinfliegen und in Wald, Wiese und Schnee toll wie ein Knabe herumspringen.

Der Steuermann hat die Richtung nach Südosten gegeben, wir nähern uns Bregenz. Die Fenster zweier ungeheuern Gebäude hart am See glänzen im Sonnenschein, dahinter, eine Anhöhe hinaufgebaut, liegt das Städtchen, von allerlei altem Gemäuer gekrönt; den Hintergrund bilden mächtige, herrlich bewaldete Berge. Seitwärts, von der ernsten, schneebedeckten Alpenkette überragt, dehnt sich die Rheinebene. Es ist ein Bild von unaussprechlicher Pracht. Doch schon steuern wir in den Hafen. Auf dem Molo erblicke ich schon von fern eine mächtige Gestalt, die sich durchaus nicht in der Menge verbergen

kann; es winkt ein Tuch — mein lieber Freund Robert
Byr erwartet mich. Und schon bin ich der Erste am
Ufer.

Ich treffe die Stadt in Aufregung und festlich ge=
schmückt. Es beginnt das Freischießen des vorarlberg=
schen Schützenaufgebots. Die Häuser sind beflaggt,
die Farben aller fünf den See umgebenden Länder
flattern in den Lüften. Ich sehe auch ein paar deutsche
Banner. Wie auf einem Jahrmarkte haben sich alle
Holtei'schen „Vagabunden" ein Rendezvous gegeben.
Ein Circus ist aufgeschlagen, unmittelbar gegenüber
macht ihm eine Akrobatengesellschaft Concurrenz. Ein
Clown, der auf einer Wange ein Pique=, auf der andern
ein Coeur=Aß aufgemalt hat, haranguirt die Menge von
der Höhe einer Tribüne, doch seine Worte bleiben fast
unverständlich, denn auf der andern Seite setzt sich
unter greulichen Trompetenfanfaren eine Reitergesell=
schaft in Bewegung, um ihren phantastischen Umzug zu
halten. Sie hat ein paar Weiber bei sich, von deren
braunen Zigeunergesichtern und beinahe schwarzen Händen
sich die kurzen, hochaufgebauschten Florkleider und fleisch=
farbenen Tricots an Armen und Beinen ganz wunderbar
abheben. Daß sie unmöglich verführerisch sein können,
sehen sie selbst ein und blicken finster und streng.
Ein Mohr der schwärzesten Gattung sitzt auf dem hohen

Trapez, schaukelt sich nachläſſig, beide Arme um die Seile geſchlungen, ſcheint aber weniger darüber nachzudenken, welche Folgen der Sieg der Unionsſtaaten für ſeine Raſſe, als vielmehr, welches Ergebniß dieſer Umzug für die Geſellſchaftskaſſe abwerfen werde.

Schaubühnen noch anderer Art ſind aufgeſchlagen, mit Zwergen, Meerjungfrauen, Rieſendamen und Mißgeburten, und locken die Menge in ihre Räume. Ich höre von fern eine Anſprache an die Schützen richten und unmittelbar darauf krachen die Böller, die den Beginn des Freiſchießens kundgeben. Die Muſik zahlreicher Schützenkapellen ertönt aus den Wirthshäuſern, nun kommt auch eine Proceſſion mit frommen Liedern von der Höhe daher; das gibt ein Chaos von Tönen, ein muſikaliſches Charivari, halb fromm und halb weltlich, wie in einer Meyerbeer'ſchen Oper, und ich würde mich bei dem Gewühle von Landvolk und Städtern in dem ſonſt ſo ſtillen Bregenz kaum zurechtfinden, wenn ich nicht meinen Führer zur Seite hätte. Arm in Arm mit ihm ſteige ich durch die gewundenen Gaſſen in die Höhe, bis zu einem caſtellartigen Wohnſitze, dem uralten Hauſe derer von Deuring, wo ich im freundlichen Familienkreiſe die herzlichſte Aufnahme finde.

Als ich meinen Freund Robert Byr zum letzten Male in Prag ſah, trug er den hellblauen, goldverschnürten Attila und einen rasselnden Säbel an der Seite. Er war Husarenrittmeister, hatte eine Reitschule unter sich und lag der Pflicht ob, eine Menge mehr oder minder ungelenker Bengel zu Reitern auszubilden. Er durfte nur ganz nebenher Poet sein. Indeß hatte er seit lange schon, eilig, gleichsam im Sattel sitzend, eine ganze Reihe von Bildern aus dem Soldatenleben wie mit farbigen Crayons entworfen und bekannt gegeben. Diese Bilder mißfielen dem und jenem seiner Herren Vorgesetzten. Sie ließen ihn ihren Unwillen fühlen, einen Unwillen, den sein Stolz nicht ertrug. Unabhängig gestellt, nahm er seinen Abschied.

So war der Freund lange verschwunden. Ich wußte nur, daß er, Zerstreuung und Ablenkung von traurigen Gedanken suchend, seit Monaten im Alpenlande umherstreife. Da erhalte ich plötzlich einen Brief aus Bregenz mit nur folgenden Worten:

„Seit drei Monaten hier — Fahrt im Boot — Sturm — Lebensrettung — Liebeserklärung — Verlobung — in vier Wochen Hochzeit."

Damit waren allerdings in Kurzem die Kapitelüberschriften eines Romans gegeben, damit ich mir ihn nach Belieben weiter ausmale, aber sein Verlauf konnte doch so oder anders gedacht werden. Nun, es ist Alles zum Besten gegangen, und kann ich von einem Menschen, der zu allem Andern noch eine liebenswürdige Frau zur Seite hat, denken, er sei vollkommen glücklich, so ist es Bhr, der Autor der „Oesterreichischen Garnisonen". Dabei möchte ich ihn auch den bestsituirten deutschen Schriftsteller nennen, schon darum, weil er aus seinem Fenster eine Aussicht genießt, wie kein anderer Poet in sämmtlichen deutschen Vaterländern. Er kann, ohne sich zu wenden, von seinem Schreibtisch durchs Fenster in fünf Staaten blicken.

Dem Gebhardsberg, zu welchem ein bequemer Weg hinaufführt, gilt am Abend meiner Ankunft, nachdem sich die Schwüle des Tages gemindert, mein erster Besuch. Innerhalb der Ruinen des alten Montfort'schen Schlosses Pfannenberg hat sich eine Gastwirthschaft aufgethan. Welcher Blick vom Altan auf das Rheinthal und die Kette des Säntis! Sie glüht im Purpur. Doch schon will die untergehende Sonne in den Seespiegel tauchen. Dieser glüht wie geschmolzenes Gold; breite, vom glühenden Roth ins prachtvollste Orange verlaufende Flächen rollen sich auf und breiten sich aus, noch weiterhin blitzt es wie mit großen goldhellen Augen aus dem Wasser. Es ist die prächtigste der Phantasmagorien! Daß auf dieser Seite die Sonnenscheibe voll und ganz unmittelbar in den See zu tauchen scheint, das ist, was dieses Ufer vor allen mir bekannten auszeichnet.

Tags darauf ist in Bregenz Alles wieder still. Ich sitze in dem kleinen, aber wunderschönen Garten in einer Laube, an welcher die Hand des Freundes dichte Zweige des Rosenstocks hinangezogen. Unten erhebt sich terrassenförmig der weitgedehnte Weingarten. Der süße resebenähnliche Duft der blühenden Rebe würzt die Luft. Die Flinten- und Böllerschüsse auf der Schießstätte, deren Scheiben im See stehen, sind verstummt, denn es ist eben Mittag. Auf Büchsenschußweite von mir liegt in einem grünen Grunde das Nonnenkloster Thalbach; unmittelbar darüber erhebt sich der schöne alte Thurm der Pfarrkirche; nur wenige Schritte davon, auf einer andern Anhöhe, steht — welches Uebermaß von Erbauungsmitteln! — abermals eine Kirche. Daß sie einem Kapuzinerkloster angehöre, sagt die Windfahne, die nicht etwa einen Hahn oder einen Pfeil, sondern einen Bruder Kapuziner vorstellt. Die Glocken unter demselben läuten eben jetzt wie zu allen Tageszeiten. Sie begannen schon um halb vier Uhr, und ich fragte, mich im Bette umwendend, was denn die frommen Fratres schon so früh trieben und ob denn der Tag nicht zum Beten ausreiche, daß sie einen ermüdeten Touristen noch in der besten Schlummerzeit aufstörten? Endlich schweigen die Glocken. Welche Stille umher! Welcher Frieden! Welche Schönheit! Weiße Segel beleben die azurne Fläche, und die Dampfschiffe ziehen horizontale Rauchstreifen von einem Ufer zum andern. Da sehe ich jenseits des Sees ein lichtes weißes Wölkchen sich am Gelände gegen Lindau hinabschlängeln. Es ist der Eilzug, mit welchem ich gestern gekommen. Ich sehe ihm nach, froh, daß ich nicht mit ihm weiter muß.

Das Panorama des Gebhardsberges wiederholt sich in weit großartigerem Maßstabe von der Spitze des Pfänder. Es ist zum Verwundern, daß dieser Aussichtspunkt, welcher ohne Anstrengung in zwei Stunden erstiegen werden kann und mit den schönsten im deutschen Alpenlande rivalisirt, nicht zahlreichere Besucher findet. Man übersieht die ganze weite Rheinthalebene und eine ganze Kette schneebedeckter Berge: Schweizer-, Tiroler- und Algäuer-Alpen. Lindau auf seiner Insel, wie ein kleines Venedig, liegt so täuschend nahe; man meint, man könne einen Stein hineinwerfen. In seiner blauen Bucht erscheint Langenargen, wo der verstorbene König von Würtemberg eine großartige Villa erbauen ließ; das rasch emporblühende Friedrichshafen ist im blauen Dufte sichtbar; ein gutes Auge erblickt sogar die alte Concilstadt Constanz unheimlichen Andenkens mit ihrem Münster und der neuen Rheinbrücke. Dort ragt der Hohentwyhl, wohin Viktor Scheffel seine schöne Ekkehardssage verlegte. Drüben auf Schweizerufer Romans-

horn und Rohrschach und all die kleinen Nieder=
laſſungen, die den See auf dieſer Seite umſäumen.
Zu ihnen gehen, von ihnen kommen raſtlos eilende
Dampfer, Symbole und Zeugen regen Waarenverkehrs.
Wie der Blick auf all dieſe wohlhabenden Städte, dieſe
emporblühenden Fabriken, dieſe Villas und Dampfer
das Gemüth ergreift! Welch ungeheuern Schritt aus
der Rohheit und Wildheit, aus der Geiſtesnacht und der
Barbarei hat die Welt ſeit jenem Tage gemacht, an wel=
chem aus dem Winkel dort der Wind die Aſche Huſſens
in den See trieb!

Ein ſeltſamer Zufall hat es gefügt, daß um den
See herum ſich allerlei exilirte, vertriebene und abge=
dankte Souveräne angeſiedelt haben. Wie das Auge mit
dem Fernrohr herumſpäht, ſieht es dieſe Aſyle wie zu
einem Rendezvous zuſammengerückt. Bei Lindau in einer
kleinen Villa wohnt der jüngere Großherzog von Toscana,
der auch bereits regiert hat; davor liegt ſeine kleine
Flottille vor Anker, denn der Prinz iſt ein großer Schiff=
fahrer, deſſen Hauptvergnügen es iſt, durch Wind und
Wetter zu ſteuern. Unweit davon, in der Villa des Prinzen
Luitpold, wohnt deſſen Gemahlin, eine Prinzeſſin von
Modena. Drüben, auf Schweizerſeite, auf der Bahnlinie
von Rohrſchach nach Chur, ſteht Schloß Wartegg, das
bis zu ihrem Tode der Aufenthalt der verwittweten

Herzogin von Parma war. So hat die Neugestaltung der Dinge in Italien allerlei Fürstlichkeiten hierher geschleudert; der Mann aber, der diese Neugestaltung hervorgerufen, hat seine Wohnung am Bodensee längst aufgegeben, der Bürger von Salenstein wohnt in den Tuilerien.

Läge der Pfänder in der Schweiz, hier stände gewiß ein großartiges Hotel. Wie es nun eben ist, nimmt ein Wirthshaus bescheidenster Art uns auf. Ein Schweizer hat achtzehntausend Francs für das kleine Besitzthum geboten; der Eigenthümer hat sie nicht angenommen, man rieth ihm davon ab. Dem Abrathen lag die Furcht zu Grunde, noch mehr Protestanten im Lande zu sehen.

## II.

Mir war so wohl im alten Castell derer von Deuring, im Gartenzimmer, wo die alten Holzschnitte hingen, und unter dem großen Nußbaum, daß ich kaum ins Städtchen hinabkam. Höchstens streifte ich es, wenn wir nachmittags eine Spazierfahrt im Kahn vorhatten. Da ketteten wir das Boot los, stellten, je nachdem der Wind war, Segel auf oder griffen nach dem Ruder, und pfeilschnell ging es dann die mächtig hinansteigenden, nußbaumbewaldeten Ufer entlang, bis wir vor irgend einem an der

Chaussee gelegenen Wirthshause anlegten, um dort den Sonnenuntergang zur Rückfahrt abzuwarten.

Endlich sollte doch ein Ausflug in den Bregenzerwald unternommen werden.

Ueber uns lacht ein goldener Morgen. Wir schreiten den leuchtenden Gebirgen zu. Auf den Feldern arbeiten schon Leute, die Wiesen sind hell bethaut, da blühen Millionen Blumen. Die Vögel schießen durch die Luft, jagen von Busch zu Busch, als spielten sie Fangen und Verstecken. Wir kommen nach Schwarzach, nach Alberschwende; das sind nette, reinliche Dörfer. Man sieht große Wohlhabenheit. Viele Häuser haben zwei Stockwerke, Viehhaus und Nebengebäude, die Giebelbalken gehen in Roßköpfe aus, nicht selten steht oben ein Kreuz. Bald muthet es den Wanderer an, als befände er sich im weltverlassensten Hochgebirge. Weithin gedehnte Nadelwälder umfangen ihn, er hört nur dann und wann das Rauschen der Wasser, das Klappern einer Schleif= oder Sägemühle, den Schlag des Beils. Hin und wieder vernimmt man den wehmüthigen Pfiff des Geiers.

Die Sonne hat fast die Mittagshöhe erstiegen. Ein kurzes Steigen über die „Loreine", auf deren Abhang allenthalben die blauen Genzianen aus hohem Grase herausschauen, und es öffnet sich dem Blick eine ungeheure

Fernsicht über Matte und Wald. Schwarzenberg liegt in der Tiefe, ein friedliches Dorf mit einem Kirchlein in der Mitte. Die Sonne brütet fast senkrecht über dem Thal, die Schatten sind kurz, fast nicht vorhanden, die Fichtenwälder starren empor, in der Ferne stehen im Halbkreise mächtige Gebirge, theilweise noch mit ihrem Winterkleid von Schnee. Das Bild ist so schön, wir müssen laut aufjauchzen, unser Führer stimmt mit echt tirolischem „Juchezer" ein; so eilen wir den Berg hinunter.

Hier, in diesem weltfernen Erdenfleck, haben die Musen ein Kind in der Wiege geküßt, hier wurde Angelika Kaufmann geboren, vielleicht das interessanteste weibliche Talent, das je den Pinsel geführt. Im Dorfe angelangt, trete ich in die Kirche, wo Arbeiter auf einem Gerüst beschäftigt sind, und sehe mir ihre Marmorbüste an.

Mich interessirt Angelika Kaufmann. Im Zimmer, das ich als Knabe bewohnte, hing eine ganze Reihe ältlicher englischer Kupferstiche, ihre Zeichnungen zur „Odyssee". Wie oft stieg ich auf Kanapee und Stühle, um sie recht genau zu betrachten! Die gute Mutter nannte mir jede Figur, wer der Prinz Telemach sei, wer die Prinzessin Nausikaa, wer Ulysses und wer Penelope; ich wußte auch, daß der Hund Argus heiße. Diese Bilder gefielen mir ganz außerordentlich und ich habe noch jedes klar im Gedächtniß.

Später sah ich Angelika's Bild, von Mengs gemalt, und noch weit später las ich von ihren wunderlichen Schicksalen. Die Tochter des bischöflichen Hofmalers in Chur, in Italien früh zu Ruhm und Ehren gelangt, war sie nach England gekommen. Sie malte die Töchter Georg's II. Ein reicher Mann bot ihr Hand und Vermögen, erhielt einen Korb von ihr und rächte sich furchtbar, in ähnlicher Weise, wie in Diderot's Erzählung sich Madame de la Pommeraye rächt. Ein schöner junger Mensch, doch einer aus der Hefe Londons, wurde in den Stand gesetzt, sich in Angelika's Hause zu zeigen und sich um die Künstlerin zu bewerben. Er gefiel ihr, sie heirathete ihn; nach der Trauung entdeckte der verschmähte Bewerber Angelika, welchem Verworfenen sie angetraut sei. Die Ehe wurde geschieden, Angelika kehrte nach Rom zurück, wo sie sich wieder vermählte. Als bald darauf der zweite Gatte starb, sah man sie bis an ihr Ende nur für die Kunst leben. Canova hat 1807 ihren Leichenzug angeordnet.

Nach einem frugalen Mittagsmahl im Wirthshause zu Schwarzenberg eilen wir weiter. Unser Weg führt über eine romantische Brücke auf eine neue Chaussee, welche die Verbindung im Walde vermittelt.

Wir kommen an einzelnen Häuschen vorbei; obwohl ganz aus Holz, sind sie doch schmuck und nett, die Wände gegen die Wetterseite hin mit gerundeten Schindeln beschlagen. Die vielen und breiten Fenster lassen viel Licht ins Innere fallen; selbst die ärmsten Hütten haben weiße Vorhänge. Vor dem Hause liegt zumeist ein kleiner Garten mit Obstbäumen, dazwischen blühen Rosen und Malven; auch Bienenstöcke sieht man häufig. Wir blicken durch ein halboffenes Fenster in eine niedrige Stube. Da sitzen Frauen und Mädchen am runden Stickrahmen, die Tambourirnadel in der feinen Hand, die keine Bauernarbeit und kaum ein anderes Geschäft der Haushaltung verunstaltet hat. Ihr Teint ist zart. Die Arbeit, die sie liefern, wandert in alle Welt. Dieser Tüll, dieser Musselin mit der merkwürdig bunten Blumenzeichnung gehört für den grellen Geschmack des südlichen Amerika. Unter dem glühenden Himmel der Tropen, in der brasilianischen oder mexicanischen Azienda trägt die Gemahlin des Plantagenbesitzers das Kleid, vom deutschen Waldkind in der Kühle und im Dämmerlicht gestickt. Die Schweiz ist es meist, welche diese Bestellungen macht. Nordamerika, früher der beste Boden für diese Industrie, hat seit dem Kriege beinahe aufgehört, ein Absatzort zu sein.

Da kommen schöne Kinder uns entgegen, deren Teint so zart wie der der Städterinnen, mit dunklen Augen, in einer eigenthümlichen, aber kleidsamen Tracht. Sie haben feingefaltete, schwarze, glänzende Leinwandkleider über den grünen, rothgeränderten Unterrock aufgeschürzt; ein

Lederriemen, die Schnalle nach rückwärts, umfaßt die zierliche Taille; die Brust umschließt ein festes, in Gold und Silber gesticktes Mieder, in welches bunte seidene Aermel eingenäht sind, wodurch eine kleine Abwechselung in die sonst uniforme Tracht gebracht wird. Auf dem Kopfe sitzt eine dunkle Wollmütze, die mich in ihrer Form an den Hut chinesischer Mandarine erinnert und die dennoch nicht unkleidsam ist, wenn ein allerliebstes Gesichtchen darunter hervorlächelt und freundlich grüßt. Es sind Stickerinnen.

Unwillkürlich bleibe ich vor einem offenen Fenster stehen, an welchem ein zartes, schönes Mädchengesicht mich fesselt. Ich blicke in ein Zimmer, licht, reinlich und einfach, wie das Zimmer Gretchen's.

„Sind das schöne Rosen", rufe ich, mit einem Blick auf den Stickrahmen, „fast so schön wie die im Garten."

„Passirt", erwidert das Mädchen, das sich rasch in diese Situation findet, indem es freundlich lächelnd aufblickt; „aber mehr Mühe koschte sie mir, wie dem lieben Herrgott."

„So einen Schatz wollt' ich haben, der so schön sticken kann!" sage ich und fasse nach dem Händchen.

„Wem ich was sticke, der muß es redlich mit mir meinen."

„Und sollte ich das nicht? Ich komme aus dem

Lande der braven Leute, die es mit den Mädchen gut meinen."

„Wem ich was sticke, der muß mir's Brautschäppele dafür schenken", entgegnete schelmisch das schöne Kind, und ich mußte mich entfernen, das „Brautschäppele" konnte ich ihr unmöglich versprechen! Hatte ich ja nicht einmal einen klaren Begriff, was für ein Ding damit gemeint sei. Später habe ich erfahren, daß es das Krönlein ist, das die Jungfrau vor dem Traualtar trägt.

Gegen Abend waren wir in Bezau, einem weitgestreckten Dorfe mit hölzernen Häusern und steinebeschwerten Dächern, dem Hauptorte des Bezirks, angelangt und stärkten uns im Wirthshause zum Engel. Da die geringe Zeche unsere Verwunderung erregte, wir aber keinen Anlaß geben wollten, daß die Wirthin bei später kommenden Touristen von ihren Rechnungsgewohnheiten abgehe, wechselten wir ein paar Worte französisch.

„Vous avez raison. Il ne faut pas trop éclairer les gens!" hebt plötzlich zu unserm größten Erstaunen ein alter Bursche an, der bei einem Gläsel Branntwein uns gegenübersitzt. Wir fragen ihn, wo er Französisch gelernt habe.

„Ach Gott!" erwiderte er, „ich bin aus dem Montafun, fünf Stunden von hier, und da reden alle Leute französisch."

Neues Erstaunen von meiner Seite, doch der Alte erklärt mir schon, wie sich das verhalte. Die jungen Leute in Montafun sind vorwiegend Maurer und Krautschneider. Die erstern brechen im Frühjahre auf und wandern in den Elsaß, wo sie reichliche Arbeit finden. Dabei begleiten sie ihre Mädchen, die ihnen den Reisebusch auf den Hut gesteckt, und tragen, einer alten, rührenden Sitte gemäß, ihre Ranzen bis an die Grenze des Gebiets. Im Winter, meist erst gegen Weihnachten, wo der Frost dem Bauen ein Ende macht, kehren sie, wie auch die im Herbste ausgewanderten Krautschneider, die das deutsche Sauerkraut gehobelt und eingestampft, in die Heimat zurück. Viele bringen das hirschlederne Beutelchen voll blanker Napoleons heim.

Des Abends waren wir in Reute. Es ist dies ein kleines Frauenbad in großartiger, düsterer Umgebung und eine gar eigenthümliche Welt.

Dreißig bis vierzig Frauen, manche jung, manche in den mittlern Jahren, manche blaß wie Todesbräute, trinken das eisenhaltige Wasser, baden, spazieren im Thale, denn sie leiden alle mehr oder minder an Herzklopfen. Das Erscheinen eines Mannes in dieser Colonie ist ein Ereigniß, das mit scheuer Unruhe betrachtet wird. „Im Frauenbad", das wäre meines Erachtens ein ganz hübscher Titel für ein Lustspiel, das mit dem Titel zugleich gegeben ist. Der Doctor, um welchen Alles kreist, dem aber jetzt nicht mehr wie einst Wunderkuren gelingen, der erwartete Assistent, der endlich eintrifft, und ein ganzer Chor von Damen, unter denen nun ein Krieg ausbricht — das gäbe ein Lustspiel in halb Aristophanischem Geiste.

Gegen Einbruch der Nacht sind wir wieder in Bezau. Eine große Stube, in welcher vier Betten stehen, wird uns als Nachtquartier angewiesen. Sogleich macht sich der Freund daran, die Bettstellen zu messen, und wieder stellt sich das Mißgeschick heraus, das er so oft im Leben erfahren. Der Tischler, der diese Betten baute, hat nur den sogenannten Normalmenschen im Auge gehabt, die Statur des Freundes geht aber über dessen Maß weit hinaus. Er hat beinahe den Wuchs des Mannes von Gath und könnte wie dieser einen Speer schwingen, stark wie ein Webebaum. Nur ein breites Gestell aus festem Eichenholz kann es mit dieser Last aufnehmen. Es bleibt ihm nichts übrig, als Strohsack und Matratze herauszunehmen und auf dem Boden Platz zu nehmen. Endlich löschen wir das Licht, das Mondlicht blickt durchs Fenster, da wird nebenan die Stube geöffnet, zwei Personen trappen mit eisenbeschlagenen Schuhen umher. Es sind zwei Engländer, Vater und Sohn; die dünnen Holzwände lassen uns jedes Wort, das sie sprechen, deutlich vernehmen. Endlich gehen auch sie zu Bett, der Vater aber läßt sich noch ein Kapitel aus der Bibel vorlesen und uns wird die Erbauung zu Theil, die ganze Geschichte vom Paradiese anhören zu müssen. Tief ärgerlich können wir nicht umhin, sie mit Commentaren zu begleiten, bis uns der Schlaf die Lästermäuler schließt.


## III.

Am andern Morgen machte ein wolkenbruchartiger Regen unserm Ausflug ein Ende. Statt, wie wir es im Sinne gehabt, über den Schröcken ins Algäu hinüberzuwandern, nahmen wir Plätze im Stellwagen und kehrten nach Bregenz zurück.

Tags darauf hatte ich die Stadt und das freundliche Vorarlberg verlassen.

Einige Reflexionen sind unabweisbar. Der Eindruck, den man von diesem Lande mit fortnimmt, ist ein höchst poetischer, aber es schlummert, und wo ist der Zauberstab, der es zum Leben erweckt? So viel Wasserkraft vertost in der Einsamkeit, so wenig Produkte finden den Weg nach auswärts. Der Breterhandel ist bedeutend, Butter und Käse gehen bis Köln und Berlin, man sieht keine Armuth, aber es fehlt bei aller industriellen Thätigkeit der hin und her verstreuten Fabriken der behäbige Eindruck des Wohlstandes, der in der Schweiz dem Reisenden allenthalben entgegentritt. Die Schweizer haben auf die unwegbarsten Gebirgsgrate prächtige Pensionen hingesetzt, wo ganze Colonien von Fremden und Einheimischen die Sommerfrische genießen; in Bregenz finden sich während des ganzen Sommers kaum vierzig Familien zu einem längern Aufenthalte zusammen. Die Touristen kommen, besteigen den Gebhardsberg und eilen abends weiter. Die übrigen um den Bodensee liegenden Länder stehen im regsten Verkehr unter einander, Gesellschaftszüge von Turnern und Sängern fallen bald hier, bald dort ein und bringen Leben in die Orte; hier, am schönsten Punkte des Sees, gibt es nichts dergleichen; die österreichische Paßförmlichkeit läßt dergleichen nicht aufkommen. Und was hat die Regierung für das Land gethan? Sie hat zwei riesige Kasernen, jede groß genug, ein ganzes Regiment aufzunehmen, ans Ufer hingebaut, sie müssen Millionen gekostet haben. Aber in fortificatorischer Beziehung sind sie unnütz, und sie stehen auch seit ihrer Erbauung leer; was brauchte man Militär im friedlichen Vorarlberg? Drei andere Kasernen stehen gleichfalls leer. Wozu also sind die neuen da? Wohl nur, um den Uferstaaten und allen Vorbeireisenden zu verkünden, daß

Oesterreich für militärische Zwecke stets Ueberfluß an Geld habe!

Noch vor einem Jahrhunderte war Bregenz die wichtigste Stadt am Bodensee, jetzt ist es von Lindau und Constanz weit überflügelt. Ebenso hat Vorarlberg als Ländchen mit den übrigen Uferstaaten nicht Schritt gehalten. Es ist eben eine fern hinaus gerückte Provinz, deren man sich in der Reichshauptstadt kaum erinnert. Zur Eisenbahn, die es mit Innsbruck, mit Lindau, mit der Schweiz verbinden soll, ist nicht einmal ein Spatenstich in Aussicht. So viele Schiffe den Verkehr auf dem Bodensee vermitteln, Oesterreich allein besitzt keinen Dampfer, österreichisch ist nur der eine Kahn, den ich im Hafen liegen sah und auf welchem die Finanzwache ihre nächtlichen Streifzüge unternimmt. Der Geist der Intoleranz, der Tirol so häßlich entstellt, herrscht in Vorarlberg im Ganzen genommen nicht mehr. Protestanten sitzen im Gemeinderath, sie haben eine schöne Kirche gebaut, die weithin über den See sichtbar ist, fast wie ein Wahrzeichen. Durch das ganze Land zieht im Vergleich mit dem mittelalterlichen Tirol ein freierer Geist, und dennoch, welche verschiedenen Stufen der Entwickelung dies- und jenseits jenes schmalen Wasserstreifens, der Vorarlberg von der Schweiz scheidet — dies- und jenseits des Altvaters Rhein! Bei aller Aehnlichkeit im

Wesen und im Charakter der Bewohner, welche Verschiebenheit! Möge der Bann bald gehoben werden, der noch immer auf dieser Provinz lastet und sie verhindert, der schönen Zukunft, für die sie unleugbar prädestinirt erscheint, rascher entgegenzugehen.

## Zürich.

### I.

Achtunbzwanzig Dampfer vermitteln den Verkehr auf der blauen Fläche des schwäbischen Meeres. Die schweizer Nordostbahn besitzt acht Schiffe, zum Theil sehr großen Kalibers, Baiern, Würtemberg, Baden je sechs, sogar einzelne Städte sind im Besitze von Booten, immerfort werden auf schweizerischen und deutschen Werften neue gebaut, nur Oesterreich hat kein Schiff auf dem Bodensee. Anderswo also keine Kasernen, wohl aber Dampfer, hier majestätische Kasernen, aber keine Dampfer; die Thatsache spricht so schlagend, daß sich weder dazu den Commentar selbst machen kann.

Es ist ein herrlicher Tag. Der See hat wahrhaft italienische Farben in allen Abstufungen vom Hellblau bis zum tieffen Indigo. Aber selbst die Seeluft und die Bewegung des Schiffes vermögen die furchtbare Hitze nicht zu dämpfen.

Es bleibt doch dabei, daß so eine schwimmende Nuß=
schale, ein Schiff, zugleich eine Welt in nuce ist. Alle
Klassen sind da vertreten, Beamtenthum, Aristokratie,
Mittelstand. Welche Abstufungen von der Lady mit
Hütchen und Burnus, diesem Nonplusultra von Ver=
zärtelung, die zu müde ist, ihren herabgefallenen Fächer
aufzuheben, bis zur stämmigen Magd, die mit einem
ganzen Korb Bierflaschen auf dem Kopf die Treppe
hinaufsteigt; vom lebensmüden Dandy im Röcklein von
Seide bis zum wettergebräunten Matrosen in der blauen
Wolljacke! Daß im Ganzen mehr Lebensfreude in den
niedern und untern Klassen als in den aristokratischen
Kreisen vorhanden, zeigt ein Vergleich des ersten
Platzes, wo Alles stumm und gravitätisch hockt, mit
dem zweiten, wo Alles durcheinander schreit, und
welche Rolle in der Welt der Magen spielt, lehrt ein
Blick in die Küche, wo die Pfannen ewig brodeln. Leid
thut mir der Mann der Arbeit, der für Alle schafft, der
das Ganze in Bewegung setzt, der Maschinist. Der
Winter ist für ihn noch die verhältnißmäßig bessere Zeit,
wie verderblich auch da der Wechsel der Temperatur;
wahrhaft mörderisch aber ist der Aufenthalt in der
Tiefe an solchen Sommertagen, wo die Temperatur im
Maschinenraum bis auf 45—50 Grad Réaumur steigt.
Auch „treibt's keiner lang". Indeß ist er doch ein gut

bezahlter Arbeiter, der etwas für schlimme Zeiten zurücklegen kann; er bezieht neben seiner Besoldung Procente von den Ersparnissen, die er an Kohlen macht, und ist er geschickt, fährt er mit weniger Heizmaterial, ohne daß die Fahrzeit leidet, so hat er namhaften Gewinn.

Doch schon steigt der Heizer aus der Tiefe empor, hohlwangig, abgezehrt, der echte Repräsentant des vierten Standes, des Proletariats. Gleicht er nicht in seiner Blouse dem Gespenst des Socialismus? Wenn er in Unmuth über sein geplagtes Leben, im Zorn über die eleganten Faulenzer da oben eine Klappe schlösse, es wäre um den ganzen Plunder geschehen! Doch er ist nur emporgestiegen, um ein bischen Luft zu schnappen und sich den schweißbedeckten Leib anblasen zn lassen. Gleich geht er wieder an seine Arbeit, ein lebendiges Zubehör der Maschine; das Schiff zieht ruhig seine Bahn.

Jener Dampfer, den ich dort zurückfahren sehe, jetzt Rohrschach genannt und Eigenthum dieser Stadt, ist der ehemalige „Ludwig", von dem so viel die Rede war und den zu heben Ludwig Bauer doch endlich gelang. Der wiedererstandene fährt fast an derselben Stelle, wo er noch vor zwei Jahren in der Tiefe gelegen! Unweit davon liegt jetzt die „Jura", vom „Zürich" in den Grund gebohrt, demselben fatalen Schiffe, durch welches der

„Ludwig" seinen Untergang fand. Bauer, welcher, wie ich höre, mit Plänen zu seinem unterseeischen Boote beschäftigt, sich in Lindau befindet, hat sich die „Jura" schenken lassen und gedenkt auch sie zu heben; sie liegt aber tiefer als seiner Zeit der „Ludwig".

Ich trete in die Schweiz.

Der Eindruck, den der Reisende vom Lande, das er jetzt durchfliegt, mit fortnimmt, ist das einer zuhöchst potenzirten Cultur. Der Charakter der Landschaft, einer Ebene, von mäßigen Höhenzügen unterbrochen, welche die Hochgebirgskette vorerst nur als blauen, weißgeränderten Streifen am fernen Horizonte zeigt, ist der des Reizvollen und Lieblichen. Er erinnert an das freundliche Schwaben, so etwa um Stuttgart herum, aber noch mehr als dort sieht man die vorgerückte Arbeit und Betriebsamkeit des Menschen. Hübsche, nette Ortschaften am Fuße von Rebenhügeln grüßen ununterbrochen herüber, alle blühend, sauber, wohlhabend, dazwischen Fabriken, Landsitze, Villen, das ganze Land ein Park mit den mannichfaltigsten Unterbrechungen. Man passirt Frauenfeld, die Hauptstadt des Thurgau, mit der Burg auf epheubekränztem Felsgestein, Winterthur, so recht ein Bild einer schmucken, reichen Schweizer-Fabrikstadt. Das Alles tanzt vorüber, drängt sich vor und ruft laut: Da seht her und leugnet noch die Vortheile eines von

Militärbruck und Polizeibevormundung entlasteten Gemeinwesens! Doch immer reicher entwickelt sich das Bild, immer kühner und voller wölbt sich die Berglehne, die ein einziger grüner Reben= und Obstgarten ist, immer unerschöpflicher quellen Schlote, Giebel, Thürme, Häuser, Villen, ja Paläste aus dem Grün — ein Becken öffnet sich, in der Tiefe eine Stadt, dahinten ein tiefblauer Seespiegel, im Hintergrunde fern der Schneerücken des Säntis und Glärnisch, das Dreieck des Tödi, jetzt rauscht die Limmat — wir sind in Zürich.

Blick um Blick zur Höhe sendend, wo der Prachtbau des Polytechnikums prangt, immer den Kai entlang, wandere ich aufs Innere der Stadt los. Sie hat sich seit den sieben Jahren, da ich sie das letzte Mal gesehen, so verändert, daß ich sie kaum mehr erkenne. Ja, in der Luft eines freien Bürgerstaates entwickeln sich die Kräfte!

Mehrere Schriftsteller und Gelehrte, die ich theils aus flüchtigen Begegnungen kenne, theils kennen zu lernen wünschte, leben in Zürich. So Gottfried Keller, Johannes Scherr, Professor Vischer. Aber meine Zeit ist zu knapp gemessen und das Finden nicht ganz leicht. Zürich hat nemlich ein Abreßbuch, verfaßt vom Stadtkanzellisten Tobler, das einen zur gelinden Verzweiflung bringen kann. Es gibt uns nämlich, was wir noch in keinem Abreßbuch fanden, das Geburtsjahr jedes Züricher Bürgers und Heimatsberechtigten an, nennt uns auch, wofern er verheirathet ist, den Familiennamen seiner Gattin, bringt die Hausnummer, aber in welcher der hundert Gassen Zürichs sich diese Wohnung befindet, das erfahren wir nicht und sind somit nach dem Nachschlagen so klug als wie zuvor. Ich mußte manchen Gang, den ich gern gethan hätte, aufgeben und beschränkte mich vorerst auf einen Besuch, auf welchen ich mich schon lange gefreut, auf einen Besuch bei dem Sänger der „Gedichte eines Lebendigen".

Bei sengender Sonnenhitze steige ich die Gasse „Am Wolfsbach" hinauf. Der Cantonsschule gegenüber erhebt sich auf einer dominirenden Anhöhe in grüner Umgebung ein großes Haus, zum Schanzenberg genannt. Hier wohnt Georg Herwegh, der Verstummte, Schweigsame, auch hier ganz Vereinsamte. Ich treffe ihn in einem kleinen, mit Bücherschränken angefüllten Zimmer vor einem Tische, wo sich Lexika, Bücher über Naturwissenschaften und vergleichende Sprachenkunde in beinahe grotesker Anordnung aufthürmen. Wie er da sitzt, kahl, aber kräftig von Aussehen, mit schwarzem Vollbart, den südlich funkelnden Augen, als stünde man vor Doctor Faust!

Wir sprechen von alten Zeiten, ich frage nach Gedichten, nach dem und jenem Gedicht, von dessen Existenz ich Kunde habe. Ach, er weiß, wie sehr er kramt, seine Verse kaum noch zu finden! Doch Frau Herwegh tritt ein, sie bringt eine kostbare Mappe — kostbar dem Inhalt, nicht dem Aussehen nach — und zeigt mir Manches daraus.

Gegen Abend sitze ich mit Herwegh in der Wirthschaft „zum Bürgli" zusammen, von wo man den herrlichsten Blick über den See hat. Da fahren Dampfer, kreuzen Kähne. Ja, das ist der See, den Matthisson, Klopstock, die Stolberge besungen haben! Er verdient es.

Bald kommt unser Gespräch aufs Gebiet der Politik. Ursprünglich von fast gleichen Voraussetzungen und Anschauungen ausgegangen, wie anders sehe ich die Welt jetzt an, während Herwegh noch auf dem fußt, was er früher geglaubt! Was, muß ich mich im Stillen fragen, hat mich denn so verändert, daß ich Vieles, als wäre es in einer fremden Sprache gesprochen, fast gar nicht mehr verstehe? Ach, die Erkenntniß, daß der aus enthusiastisch erregten Gefühlen hervorgegangene Wunsch des einzelnen jungen Mannes nichts gemein habe mit dem durchschnittlichen Willen der Menschen, die Einsicht, die sich früh aufdrängte, daß wir die Welt nicht bauen, sondern in einer bereits gebauten und durch eiserne Klammern der Nothwendigkeit gefügten Welt stehen, die wir im besten Falle nur modificiren können, in einer Welt, in der von unten bis oben hinauf nicht Rechts-, sondern Machtverhältnisse herrschen, in welcher eigentlich Niemand kann, wie er will. So sind wir dahin gelangt, an keine Institution und an keinen Menschen mehr einen absoluten oder ideellen Maßstab anzulegen, nichts an und für sich, Alles im Zusammenhange zu betrachten. So sind wir dahin gelangt, Personen, die wir einst für höchst verderblich hielten, ein langes Leben zu wünschen, weil uns schien, daß ihr Wegfall noch Aergere ans Ruder brächte. Einst gehörten wir beide gleichsam zu einer Schule von Physikern, die eine neue motorische Kraft suchten und sie auch gefunden hatten. Ach, die Maschine, die im Studirzimmer so trefflich functionirte, wollte auf dem unebenen Boden der Wirklichkeit nicht fort. Was sollte man davon denken? Der eine Theil der Physiker ist enttäuscht zu den alten Methoden zurückgekehrt, zum Theil mit verbranntem Gesicht und verstümmelten Händen, indeß der andere noch immer im Glauben an das neue motorische Princip beharrt und über dessen Benutzung grübelt, wenn auch vorläufig, ohne noch einen Beweis für dessen Anwendbarkeit in der existirenden Welt herbeibringen zu können. „E pur si muove!" ruft der Unerschütterliche. „Sie meinen?" — „Ich will daran glauben, bis ich's erlebe", erwidert der Enttäuschte.

Und so hat die Revolution wie die Monarchie ihre Legitimisten, welche nie herabsteigen, vor keiner Thatsache capituliren, für welche die Ereignisse nichts an ihren Forderungen ändern. Realisiren sich ihre Ideen nicht, so liegt der Fehler nicht an den Ideen, sondern an der Welt. Sie wird sich schon noch zu ihnen bekehren. Es sind solche Naturen mit ihrem eigenen Maße zu messen.

Immer nur mit den Spitzen einer äußersten Demokratie in Verbindung, gewohnt, nur in ihnen die wahren Freiheitsmänner zu sehen, hat Herwegh immer auf Tage und Entscheidungen gewartet, die nicht eintreten sollten. Daher die Unzufriedenheit des Gemüths, welche in allen möglichen Wissenschaften, in Physiologie, Zootomie, Mittelhochdeutsch und Sanskrit Ablenkung und Zerstreuung suchte, daher das Schweigen, welches er selbst da nicht brach, als die organisirte Lüge sich an seine Ehre wagte und eine abgeschmackte Verleumdung endlos wiedergekäut wurde. War es vielleicht Herwegh's Pflicht, sich nach einer absolut verlorenen Affaire den Verfolgern zu stellen und wie ein blinder Schwärmer seinen Feinden zu sagen: Da bin ich! Ergreift mich! Man hatte die Geschichte vom Spritzleder erfunden und hielt sie für lustig — ich erwähne sie nur, weil noch immer, wenn der Name erwähnt wird, dieses alte Leder wieder aufgerollt wird. Aber es war nicht vorhanden, in einem offenen Leiterwagen fuhr, als Alles verloren war, Georg Herwegh über die Grenze. Und wenn es vorhanden gewesen wäre? Ja freilich, in einem Weinfaß, wie König Enzio, in Maurerkleidung, den Kalktrog auf der Schulter, wie Louis Napoleon, im Sarg, wie Bem, ist es erlaubt zu flüchten, doch nimmermehr unter einem Spritzleder! Unter einem Spritzleder ist die Flucht feig und entehrend!

Dem verletzten Stolze steht, sagt man, das Schweigen schön, aber ich weiß doch nicht, ob es nicht auch zu weit getrieben werden kann.

Doch da höre ich noch die Frage stellen: Und Herwegh's poetische Production? Der Quell der Lieder voll Schwung und Kraft und Klarheit, einst von so unbeschreiblicher Wirkung, ist er ganz verschüttet, ganz verschwunden? Ja und nein, wie Ihr wollt! Wie soll ich's Euch schildern? Seht da in der Gebirgslandschaft, die unter der brennenden Mittagssonne glänzt, die tiefe, zerrissene Windung. Ihr seht auf Stundenweite nur Geröll und starrende Felsen. Das ist der Giesbach oder vielmehr sein Bett, denn er selbst ist bis zur schmalen Silberader herabgeschwunden. Das ärmlichste Flüßlein im Flachland kann von ihm sagen: Der ist fertig, der hat sich ausgeströmt! Aber laßt nur den

Föhn wieder blasen, den Schnee schmelzen, da fragt Ihr nicht mehr: Wo ist er? denn sein Tosen betäubt Euch. Er ist nicht verschüttet, nicht versiegt, im Krystall der Höhe geborgen sind seine Adern.\*)

## II.

Eine kurze Eisenbahnfahrt bringt mich weiter in die Schweiz und zwar auf einen ihrer reizvollsten Punkte, nach Thun. Die alterthümliche Stadt an der grünen Aar, der herrlich blaue See, der weite grüne Plan, von einem Kreise himmelhoch aufgerichteter Bergriesen umschlossen, dahinter hereinleuchtend die Schneefelder der Blümlisalp,

---

\*) Kurz nachdem ich diese Zeilen niedergeschrieben, erfuhr ich durch Herrn Dr. K. Hoffmann in Darmstadt, dem ich dafür sehr verpflichtet bin, den Ursprung der vielbesprochenen Spritzleberhistorie. Der durch seine Methode des Turnens bekannte, längst verstorbene Turnlehrer Spieß, welcher sich längere Zeit in der Schweiz aufgehalten hatte und zur Zeit der badischen Bewegung dem Turnwesen im Großherzogthum Hessen vorstand, erzählte, wenn es die Gelegenheit ergab, seinen Bekannten, daß die ganze Geschichte eine von ihm herrührende Erfindung sei. Er führte sie als ein auffallendes Beispiel dafür an, wie bisweilen eine im Scherz erfundene und bei einem Glase Wein in munterer Gesellschaft zum Besten gegebene Erzählung, einerlei, ob wahr oder nicht, wenn sie sich nur an bekannte Namen knüpfe, ihren Weg in die Zeitungen finde und so in die ganze Welt gelange, wo sie dann im Parteiinteresse ausgebeutet ohne weiteres geglaubt werde.

„La calumnia, la calumnia" u. s. w. singt Don Basilio im „Barbier von Sevilla".

die Jungfrau, der Mönch und der Eiger — das ist an solchen Sommertagen ein sonnedurchleuchtetes, wolken= durchzogenes Landschaftsbild, an Pracht dem Großartig= sten anzureihen, was das Auge sehen, die Phantasie träumen kann.

Man feierte das Cantonalschwingfest. Fast jedes Haus war mit Fahnen und Kränzen geziert, auf der Allmend, der herrlichen, von der ganzen Alpenkette über= ragten Ebene, wo sonst die Artillerieübungen der schwei= zerischen Miliz abgehalten werden, hatten sich fünf= bis sechstausend Menschen eingefunden. Amphitheatralisch angeordnete Bänke aus Bretern umgaben den improvi= sirten Circus. Das ist ein Stoßen und Drängen, endlich nimmt Alles Platz; die Klügsten haben ihn im Schatten der uralten riesigen Nußbäume gewählt.

Allerlei Spaß und Ulk geht dem Ringkampf voraus. Ein kohlschwarzer Bär mit aufgerissenem Rachen erscheint aufrecht am Arm eines Freundes daherschreitend; das ist die Maske des Berner Mutz, die hier im Bernbiet bei keinem Feste fehlt. Er faßt bald diesen, bald jenen seiner Bekannten, und bald rollen Mutz und Freund in den Sägespänen herum, die man inzwischen herangefahren, um den unterliegenden Ringern einen minder harten Fall zu bereiten.

Nun erscheint eine Schaar kleiner Jungen mit schwarz=

taffetnen, rothbesetzten Kappen, eine ganze Reihe schwarzer, mit Blumen und Moosbändern geschmückter Alpenschafe führend; es sind diese die Kampfpreise, Preise von antiker Einfachheit, welche genugsam besagen, daß es den Ringern mehr um die Ehre als um den Lohn zu thun ist. Die Festordner, auf dem Kopfe weiße Zipfelmützen, wie sie die Käser haben, geleiten die hembärmlichen Schwinger herein, die Musikkapelle, auf dem grünen Wiesenboden gelagert, beginnt mit den Klängen von „God save the Queen", tausend Stimmen fallen ein; der wenig musikalische Schweizer hat sich die Melodie angeeignet, um ihr sein Nationallied anzupassen:

> Heil dir, Helvetia!
> Noch sind die Söhne da,
> Die einst St.-Jakob sah u. s. w.

Nun beginnt das Schwingen. Dies ist eine uralte, wohl nur in der Schweiz erhaltene Form des Ringens, welche darin besteht, daß sich die beiden Kämpfer an der aufgekrempelten Hose fassen, sich gegenseitig emporzuheben und über den Kopf hinweg zu Boden zu werfen suchen. Der Sieg ist vollständig, wenn der Gegner, die Fersen bei einander, auf den Rücken zu liegen kommt. Meist tragen die Gebirgsbewohner, die Entlibucher und Luzerner, den Sieg davon, doch auch ein paar Thuner und Basler Kämpfer verdienen, obgleich sie jedesmal unterliegen, unsere volle Anerkennung. Einen Purzelbaum in freier Luft schlagend springen sie in die Arena, und nachdem sie zu Boden geworfen sind und sich mit ihrem Gegner eine Weile herumgekugelt haben, entfernen sie sich, während man meinen möchte, sie hätten mindestens ein paar Rippen gebrochen, abermals mit Purzelbäumen. Ungeheure Acclamation der Menge wird ihnen zu Theil.

Es sind diese Feste in ihrer schlichten, bauernmäßig urwüchsigen Form wahre Spiegelbilder altcantonalen Lebens. Man sieht ihnen mit dem Behagen zu, mit welchem man etwa in einer alten Chronik die Beschreibung eines komischen Bauernturniers liest, und wünscht sich den Griffel eines neuen Hogarth herbei, der diese Scenen in ihrer tollen Originalität wiedergeben könnte.

Es war bereits dunkel geworden, als ich in Zürich wieder zum Schanzenberg hinanstieg und bei Herwegh eintrat. Im Sitzimmer brannten schon die Lampen. Zwei Portraits erregten meine Aufmerksamkeit. Das eine stellt Herwegh als jungen Mann zur Zeit der „Gedichte eines Lebendigen" vor, das andere datirt aus einer spätern Epoche und ist ein Werk Rahl'scher Schwarzkunst. Da sehe ich über einem Schreibtisch noch ein Bild, ein großes Daguerreotyp. Es stellt einen Mann vor mit freien, offenen Zügen, schön, von energischem und edlem

Ausdrucke. Die echt römische Nase ist schmal und hochgeschwungen, der Ausdruck der Augen fast liebenswürdig zu nennen. Der Eindruck des Kopfes mit dem nach englischer Mode gehaltenen Barte, der das Kinn frei läßt, ist, was man aristokratisch zu nennen pflegt. Ich frage Frau Herwegh, wen das Bild vorstelle. „Einen Mann", antwortet sie, „der bei Ihren mir bekannten, aber mir schwer erklärbaren Anschauungen Ihnen gewiß sehr odiös ist: Felice Orsini."

„Die Gründe darzulegen", erwidere ich, „warum ich allerdings mehr Antheil für Louis Napoleon als für Orsini habe, das würde zu weit führen. Doch denken Sie darum nicht, daß ich über eine geschichtliche Persönlichkeit, wie die genannte, in das banale Zetergeschrei ausbreche. Orsini's Name wird niemals mit dem von Leuten von Pianori's Schlage vermengt werden dürfen. Ich zähle ihn zu den Männern, die wie verkörperte Dämonen auftreten und die Welt durch die schicksalsvolle Macht eines Einzelnwillens in Erstaunen setzen. Es ist ein gebrandmarktes Heldenthum, dessen tragisches Ende das Fallbeil ist. Aber auch der glückliche Usurpator hat einen solchen Moment in seinem Leben hinter sich, und es ist wohl keine Frage, daß auch der später vergötterte Julius Cäsar, wenn sein Marsch auf Rom mißlungen wäre, in demselben lichtlosen Kellerraum geendet hätte, wo sechzehn Jahre vor Antritt seiner Dictatur Männer von Senatorsrang und Glieder der höchsten Adelsfamilien — die Gefährten Catilina's — von Henkershänden erdrosselt worden waren. — Seltsam", sage ich, nachdem ich wieder einen Blick auf das Bild geworfen, „dieser Stirn fehlt jedes verhängnißvolle Zeichen, das sonst ein böses und gewaltsames Ende weissagt. Man meint, dieser Mann könne höchstens als kecker Reiter vom Pferde stürzen und sich den Arm brechen, nicht den Nacken."

„Und so, ohne daß sein Wesen das Letzte und Größte ankündigte, haben wir ihn hier in Zürich gekannt", sagt Frau Herwegh, und schon hat sie die Güte, ein Paquet Briefe herbeizubringen. Ich sehe allerlei Blätter, aus dem Kerker von Mantua datirt, darunter eins, auf welchem zwischen den mit Tinte geschriebenen Zeilen blaßröthliche oder rostgraue gleichsam scheu und ängstlich hervorlugen. Ich glaube zuerst, sie seien mit sympathetischer Tinte geschrieben; aber es ist lediglich Citronensäure, die man durch ein Alkali sichtbar gemacht hat. Die Natur bietet einem Gefangenem noch immer einfache Mittel, die Wächter zu täuschen.

Die Spuren eines Mannes, der auf die Geschichte einen starken Druck geübt, werden nie ohne tieferes Interesse gesehen, und so verweilte ich denn lange vor diesen

Blättern. Da legt mir Frau Herwegh zwei Bücher vor: das eine Orsini's italienisch geschriebene, in London erschienene Memoiren, das andere deren englische Uebersetzung.\*) Ich blättere darin und lese zu meiner Ueberraschung, welchen Antheil Frau Herwegh selbst an der Flucht Orsini's hat. Manche Ergänzung aus ihrem Munde ergibt sich aufs natürlichste. Da das von Orsini selbst verfaßte Buch ihren Antheil an seiner Rettung nicht verschweigt, begehe auch ich sicherlich keine Indiscretion, wenn ich das theils Gelesene, theils Gehörte wiedergebe.

Felice Orsini, der Sprosse jenes berühmten Geschlechts, das so viel Päpste und Cardinäle, ich glaube sogar an fünfzehn Heilige der Christenheit geschenkt\*\*), unter Garibaldi einer der eifrigsten Vertheidiger Roms, hatte längere Zeit unter falschem Namen in Zürich gelebt. Man wußte Manches von seiner Vergangenheit, aber welche furchtbare Energie in ihm lag, das sollte erst seine unbegreifliche Flucht aus Mantua und später die That in der Rue Lepelletier beweisen, jene That, die, wenn sie gelungen wäre, bei der besondern Stellung des Souveräns, gegen den sie gerichtet war, nicht allein in

---

\*) Austrian dungeons in Italy (London).
\*\*) Man findet die Liste davon in „Wunderwürdiges Leben Benedict's XIII. aus dem Hause Orsini" (Frankfurt 1727).

Frankreich, sondern wahrscheinlich auch in Europa eine Umgestaltung aller Verhältnisse zur Folge gehabt hätte.

Im October 1854, während der Krimkrieg wüthete, verließ Orsini Zürich und die Familie Herwegh, der er befreundet geworden war, und reiste über Mailand, Venedig, Triest und Wien nach Siebenbürgen. Aber die österreichische Polizei hatte bereits in ihm den Verschwörer gewittert. Vierundzwanzig Stunden vor seiner Ankunft in Hermannstadt war ein Verhaftsbefehl angelangt. Er wurde beim Aussteigen aus dem Wagen festgenommen und nach Mantua transportirt.

Dort wurde ihm unter allen Zellen die sicherste angewiesen. Sie befand sich in einem Thurme, war sechs Schritt lang, vier Schritt breit und lag hundert und vier Fuß über dem Erdboden. Die Thür des Corridors, auf welchen nur drei Zellen hinausliefen und an dessen anderm Ende das Zimmer des Schließers lag, war stets verschlossen. An der Thür selbst stand ein Militärposten; acht Mann hatten die Wache im Thurm. Die Höhlung des Fensters war mit zwei Reihen zolldicker, sich kreuzender Eisenstangen verschlossen und hatte übrigens gegen die Lichtseite hin ein festes Drahtgitter. Jeder Gedanke eines Fluchtversuchs schien Wahnsinn, und doch ruhten die Gedanken des Gefangenen nicht, sich einen Weg aus diesem Kerker in die Freiheit durchzubrechen.

Auf alle Fälle konnte die Flucht nur durch das Fenster stattfinden.

Die Verhöre des Gefangenen hatten unmittelbar nach seiner Ankunft in Mantua begonnen, er hatte ihrer seit seiner Verhaftung dreißig bestanden. Er war so schwer gravirt, die Inzichten waren zu seinem Schrecken so überführend, daß kein Zweifel über den Ausgang seines Processes bei ihm möglich war. Der Strang stand ihm bevor, höchstens hätte er, wie damals der Ausdruck lautete, zu Pulver und Blei begnadigt werden können. Dennoch beharrte er im Leugnen und behauptete, auf dem Weg in die Krim begriffen gewesen zu sein, wo er sich dem Belagerungsheere habe anschließen wollen. Nun hatte man aber zu seinem Verderben bei Revolutionsmännern, die in Mailand verhaftet worden waren, eine Copie der ihm bei seiner Durchreise durch Mailand mitgegebenen Instruction Mazzini's und noch andere Indicien ärgster Art gefunden. Ja, er mußte auf den Galgen gefaßt sein.

Man gestattete von Zeit zu Zeit dem Gefangenen, einen Brief an seine Bekannten zu richten, doch mußte ein jeder, wie sich von selbst versteht, die Prüfung durch die Gefängnißdirection passiren. Alle, die da vor mir lagen, hatten diese Controle bestanden, auch der mit den rostfarbigen, den wenigen, aber inhaltsvollen Zeilen! Der

Gefangene sagte Frau Herwegh, daß ihn das Bewußtsein seiner Unschuld der Entscheidung des Processes trotz allen falschen Scheins der Schuld ruhig entgegensehen lasse. Er setze auch seine mathematischen Studien gelassen fort. Zum Schluß verlangte er ein paar jener wissenschaftlichen Werke, die er in Zürich liegen habe, etwa den Laplace oder Bernoulli, heimlich aber benachrichtigte er seine Freundin darin, was er am dringendsten zu seiner Flucht brauche.

Eines Tages trat Frau Herwegh in eine Buchhandlung und verlangte Quetelet's Buch über die Wahrscheinlichkeitsrechnung. Jemand, der zufällig im Laden saß und sie kannte, fragte sie, ob sie denn Mathematik treibe. „Ein wenig", war die Antwort. Indessen brachte der Commis das verlangte Buch, es war in Sedez. Sie sah es an und sagte: „Das Format gefällt mir nicht. Geben Sie mir lieber Arago's „Astronomie populaire"."

Als sie diese erhalten und fortgegangen war, erhob sich der zufällige Besucher des Ladens und meinte: „Das also nennt man eine gescheidte Frau! Sie verlangt ein Werk über Mathematik, weil ihr aber das Format mißfällt, entschließt sie sich, lieber Astronomie zu treiben!"

Der Mann, der sich so äußerte, war gewiß kein Polizeigenie. Freiherr von Rack, den ich in meinem „Schwarzgelb" zu schildern versuchte, hätte gewiß nie eine so flache Bemerkung fallen lassen! Dieser hätte sich gefragt, warum die kluge Frau so viel Gewicht auf das Format lege, und ihre weitern Schritte im Auge behalten.

In dem Pappendeckel des Einbandes wurden kleine Streifen ausgeschnitten und darin drei feine Sägen aus jenem Stahle verborgen, welchen man zu Spiralen der Genfer Uhren gebraucht. Ein Buchbinder machte den Einband fertig, ohne nur zu ahnen, was unter der englischen Leinwand, die er darüber that, liege, und das gelehrte Werk wanderte nun, nachdem es gleichfalls die Controle passirt hatte, offenkundig in die Zelle des Gefangenen, um ihm die wichtigsten Mittel zur Flucht zu bieten.

In vierundzwanzig Tagen hatte Orsini mit Hülfe dieser drei Sägen sieben der dicken Eisenstäbe des innern Gitters durchsägt. Beim Durchsägen des äußern Gitters, dessen Lösung durchaus nöthig war, um durchzukommen, waren zwei der Sägen gebrochen. Nur eine blieb!

Die furchtbare Arbeit erforderte fast übermenschliche Energie. Bei der Höhe des Fensters vom Boden der Zelle konnte sie nur ausgeführt werden, indem sich der Gefangene auf die Lehne seines Stuhls stellte. Mit den Ellenbogen auf die Mauer der Blendung gestützt, mußte er aushalten. Einmal hatte er bei rascher Annäherung der Wärter so rasch herabspringen müssen, daß er sich den Fuß schwer verstauchte. Der Schmerz war das Geringste, schlimmer war die Verzögerung der Arbeit, während welcher Alles entdeckt werden konnte.

In der Nacht hätte das Geräusch den Gefangenen verrathen. Es konnten also nur die Tagesstunden und zwar nur die Minuten während des Glockengeläuts benutzt werden.

Acht Ziegelsteine, die das innere Gitter hielten, hatten abgelöst werden müssen. Die zersägten Stäbe waren mit von Kohlenstaub und Tinte geschwärztem Wachs wieder befestigt worden und hielten glücklich.

Die Bettlaken hätten natürlich nicht hingereicht, um ein Seil von gehöriger Stärke in der Länge von hundert und vier Fuß zu drehen; dazu gehörte mindestens das doppelte Material. Wie sich dieses verschaffen? Die Wäsche wurde alle Monate gewechselt. Am 1. Februar war der Wächter mit der reinen Wäsche erschienen und bat um die schmuzige. Orsini, sich mit Schreiben beschäftigt stellend, bat ihn, das Paquet nur hinzulegen, er werde später selbst die Wäsche wechseln. Es gelang ihm nun, den schmuzigen Laken zu verbergen und den folgenden Tag dem andern Schließer weis zu machen, er sei bereits abgeliefert worden.

Endlich waren die Gitter sämmtlich durchsägt, die Seile lagen im Koffer, die Flucht sollte gewagt werden.

Es war am 29. März gegen sechs Uhr morgens. Orsini

hatte sich gewöhnt, jeden Gegenstand im Finstern zu finden. Er holte seine Seile, zerriß die Decke, knüpfte sie daran, zog seine Kleider an, schob den Tisch ans Fenster. Auf diesem stehend, hob er die abgefeilten Gitterstäbe aus, befestigte das Seil an ein stehengebliebenes Ende und prüfte dessen Festigkeit. Es hielt. Nun wurde das Drahtgitter zerschnitten, nichts regte sich; er versuchte sich hindurch zu drücken. Die Oeffnung war so schmal, daß Fetzen von seiner Haut und seinen Kleidern hängen blieben. Nun war er draußen, athmete freie Luft, aber in welcher Verfassung! Man denke sich ihn im Finstern an einem unsichern Seile über ungeheurer Tiefe hängend, ermüdet von der vollbrachten Arbeit, voll Sorge vor Entdeckung. Macht er ein Geräusch, sieht ihn die Schildwache, so ist er verloren, sie schießt nach ihm. Er begann niederzusteigen. Der Wind schaukelte das Seil hin und her, warf ihn an die Mauer, oft verloren die Füße ihren Haltepunkt und schon wollte die Kraft ihm ihren Dienst versagen. Er befand sich vierundachtzig Fuß unter seiner Zelle und konnte auf dem Vorsprung einer Mauer Posto fassen. Da ereignete sich der schrecklichste Zufall — er verlor das Seil aus den Händen! Nun konnte nur noch ein Sprung in die Tiefe helfen. Er sprang, blieb jedoch besinnungslos und mit verrenktem Gelenk im Sumpfe liegen.

Gern hätte ich die Odyssee übermenschlicher Schwierigkeiten, Anstrengungen und Strapazen, welche der Verwundete nach wiedererlangtem Bewußtsein noch weiterhin zu überstehen hatte, bis er in Sicherheit kam, zu Ende gehört, gern noch weiter in den „Dungeons of Italy" geblättert und mir das Gelesene durch Mittheilungen ergänzen lassen. Welch besonderes Interesse knüpft sich an diese Flucht, ohne welche wieder die That in der Rue Lepelletier nie geschehen wäre! Aber ich mußte im Lesen und Fragen abbrechen.

Durch die geöffneten Fenster tönen die vollen Stimmen eines Männerchors herauf. Verwundert fragt Herwegh, wem das gelte. „Wem anders als Dir", erwiderte seine Frau. „Ist nicht morgen Dein neunundvierzigster Geburtstag? Es sind die Mitglieder des Arbeitervereins."

Lied um Lied ertönt in der stillen Sommernacht auf dem Rasenplatz unter den Bäumen, zur großen Rührung des Gefeierten; dann geht er hinab, den Sängern zu danken. Auch ich gehe hinab und verlasse das Haus zum Schanzenberg, erfreut über den Zufall, daß diesmal am Geburtstag des Dichters einer da war aus Deutschland, ihm die Hand zu schütteln und Glück zu wünschen.

## Straßburg.

Wohl wenige Städte sind so geeignet, allerlei patriotische Gefühle, freilich meist düsterer Art, im Gemüthe des Beschauers zu erwecken, wie Straßburg. Die alte deutsche Reichsstadt als der dritte große französische Waffenplatz gegen uns gerichtet und darin eine Bevölkerung, die noch theilweise unsere Sprache spricht, von uns aber möglichst wenig wissen will, das läßt manches wunderliche Gefühl in uns aufkommen, manches starke Wort will heraus und schwebt uns auf der Zunge; man muß es gewaltsam hinabdrücken. Die katholische Kirche verlangt vor der Ablegung der Beichte eine Gefühlsverfassung im Menschen, welche sie als Erwecken von Reu und Leid bezeichnet und die der Umwandlung zum Bessern vorangehen soll; wer im nationalen Sinne dergleichen Empfindungen in sich hervorrufen will, hat sich nur nach Straßburg zu begeben. Wenn da nicht gewisse Gedankenreihen schärfer in ihm hervortreten, muß man ihn für denkunfähig halten.

Ich meinestheils war rasch durch den Elsaß hindurchgekommen, aber doch nicht rasch genug, um nicht die wundersamsten und für mein deutschpatriotisches Gefühl niederschlagendsten Erfahrungen zu machen. Auf der Eisenbahn und während des kurzen Aufenthalts in Straßburg ließ ich es mir angelegen sein, mich zu erkundigen, wo denn eigentlich hier das deutsche Element noch Schutz und Pflege habe. Man erfährt nur allzubald, wie es damit aussieht. Nur die Landbevölkerung ist deutsch geblieben, weil sie das Französisch, das sie in den Schulen lernt, bald wieder vergißt; in den Städten hingegen verliert das Deutsche von Jahr zu Jahr an Boden. Es herrscht eben nur noch im Verkehr mit den Dienstboten und, wie mir Jemand ernsthaft versicherte, im Verkehr mit Thieren, die immer deutsche Namen führen und — der Teufel soll es den Leuten danken — deutsch angesprochen werden, weil das traulicher klingt. Die Gymnasien und die Universität sind längst französirt, das Französische ist durchweg Gerichtssprache; dem blos deutsch sprechenden Landbewohner wird vor Gericht ein Dolmetscher gegeben. Ebenso verhandeln die Handelskammern französisch. Ich fragte, ob es neben dem französischen in der uralten deutschen Reichsstadt noch ein deutsches Theater gebe. Ja, allerdings! Eine Wandertruppe aus Basel oder Schaffhausen trifft gelegentlich ein und erhält Concession zu

Vorstellungen; sie finden in einem kleinen Hause bei spärlichem Besuche statt. Niemand nimmt sich des Theaters als einer Parteisache an. Als Repräsentant deutscher Publicistik fungirt der „Niederrheinische Courier", ein seltsam hermaphroditisches Produkt der Presse insofern, als es in derselben Nummer dieselben Artikel zweimal, einmal französisch und einmal in deutscher Uebersetzung, bringt. Regierungserlasse, wie ich sie an den Ecken angeschlagen sah, nehmen gar keine Rücksicht auf die deutsche Bewohnerschaft, auch die Publicationen, die von der städtischen Behörde ausgehen, sind blos französisch abgefaßt. Dabei hört man in den Cafés und im Wirthshause lediglich französische Conversation, mit argen deutschen Brocken durchsetzt; die Schaufenster der Buchhändler führen fast ausschließlich französische Waare vor. An den Ecken der Straßen, welche durchweg nur französische Straßennamen tragen, sind durchweg französische Anschlagezettel zu sehen; nirgends ist ein Zeichen vorhanden, daß sich das Deutsche aus einem allenfalls geduldeten Element zu einem lebendigen zu entwickeln Anstalt machte.

Nachdem ich mehrmals auf absichtlich deutsch gestellte Anfragen französische Antworten erhalten, stieß ich endlich in einem kleinen Café unfern vom Austerlitzplatze auf einen Mann, der sich als einen Bürger von Colmar zu erkennen gab und doch etwas reiner deutsch sprach, als es mir bisher vorgekommen war. Bei diesem glaubte ich endlich etwas Patriotismus voraussetzen zu können und ließ meinem lange verhaltenen Aerger freien Lauf.

„Dieser Elsaß", meinte ich, „ist doch das gesinnungsloseste Land, das mir je vorgekommen, und wenn es einen Gegensatz zu Schleswig-Holstein einmal geben muß, so ist er hier. Ist es möglich, daß man sich seinem Vaterland und seiner Sprache so gänzlich entfremden kann?"

„Wir gehören ja aber", erwiderte der Elsasser in seinem seltsamen Dialekt, den ich nicht wiederzugeben versuche, „schon seit bald dreihundert Jahren zu Frankreich; die Regierung hat sich des Elsaß immer ganz besonders angenommen. Zu Deutschland kommen wir doch nie mehr — warum sollten wir nicht Franzosen sein?"

„Sehen Sie", erwiderte ich, „in dem Lande, in welchem ich zu Hause bin, leben ebenfalls, wie hier, zwei Nationalitäten beisammen. Meine Vaterstadt Prag hat auch eine getheilte Bevölkerung. Glauben Sie aber, daß die Böhmen ihre Nationalität so leichten Kaufs fahren lassen? Zum allgemeinen Feldgeschrei ist es dort geworden, daß die böhmische Sprache gleichberechtigt mit der deutschen in der Schule und vor Gericht sein muß. Man hat böhmische Gymnasien errungen, man erstrebt eine böhmische Universität. Selbst in den kleinsten Dingen läßt sich der Czeche nicht zurückdrängen. Der böhmische Gewerbsmann hängt ein böhmisches Schild auf, die Gassen führen neben den deutschen Namen auch den böhmischen. Das gefällt mir, ich muß es anerkennen, wiewohl es mir entgegen tritt; die Leute zeigen, daß ihnen an ihrer Sprache und alter Volksart etwas liegt."

„Mir gefällt es nicht!" erwiderte der Elsasser ruhig. „Die Leute sind verblendet; sie sollen ihre Kinder deutsch erziehen und blos deutsch lernen lassen, wenn die Regierungssprache Oesterreichs einmal deutsch ist. Denn daß ein Land e i n e Sprache hat, das macht ein Land stark, und wenn das Land stark ist, da hat jeder Einzelne seinen Gewinn davon. Was kann daraus werden, wenn von zwei Nationalitäten in einem Lande jede sich auf ihre Sprache und ihre Abstammung steift! Das Land kann nicht stark werden. Ist Ihr Vaterland stark?"

Es war auf diese Logik, die den Einzelnen dem Staatswohl opfert, wenig zu erwidern. Schon während mein Tischgenosse sprach, hatten sich ferne Trommelwirbel vernehmen lassen, jetzt kommen sie näher, und Alle, denen die Sache etwas Neues ist, eilen ans Fenster und vor die Thüren, um ein Infanterieregiment vorüberdefiliren zu sehen.

Voran schlendert ein Trupp Sappeurs; es sind wilde Gesellen, deren Bart bis zum Mittelkörper reicht, sie tragen das Winkelzeichen am Arme, blanke Aerzte auf der Schulter, ein weißangetreibetes Schurzfell. Nun folgt der Tambormajor, er schreitet der Musikbande weit voran; die linke Hand theatralisch in die Seite gestemmt, wirft er plötzlich den Commandostab in die Höhe und die Musik fällt schmetternd mit betäubendem Geräusch ein. Nun kommt die rothbehoste Truppe. Der Rhythmus, mit dem sie geht, ist allerdings eine Gabe militärischen Naturells, Ernst und Lust sind drin gemischt. Mitten in Reih und Glied tänzelt die Marketenderin, das Fäßchen an der Seite, ein kokettes Hütchen mit tricoloren Schleifen auf dem Kopfe, eine Erscheinung wie in der Oper, und wieder entrollen sich die Reihen der rothbehosten Truppen mit einem bewegten Birnamswald von Bajonetten, bis plötzlich Alles vorüber.

Mein Elsasser hatte bei dem Anblick der Soldaten bereits mehrfache Aeußerungen von Bewunderung von sich gegeben, mit ganz aufgeheitertem Gesicht kehrte er zum Tische zurück. „Nicht wahr, das ist eine Truppe?" ruft er. „Lauter Naturell, keine Dressur. Gehen zur Kaserne wie zur Schlacht und zur Schlacht wie zum Feste! Ich sage Ihnen, die Kerle sind unwiderstehlich! Vive la France! Vive l'empereur!"

Um der Stimmung, die solche Aeußerungen wecken, ein Gegengewicht zu bieten, wandere ich wieder dem Münster zu und denke mir: Sieh, das hat deutsche Kunst geschaffen und zu ewiger Dauer aufgestellt! Aber auch hier verfolgen mich unangenehme Erinnerungen. Vor diesem Kirchenthore empfing der Fürstbischof Egon Fürstenberg den herzlosen Ueberwinder Ludwig XIV. und sprach als Einleitung seiner Rede die hier zur Lästerung gewordenen Worte: „Nunc demitte servum tuum" u. s. w. Wer wundert sich noch, daß der Raub von Straßburg geschehen konnte, wenn Männer lebten, die ihn so auffaßten und hinnahmen? Immerhin commentirt diese Anrede schlagend das immer wiederholte Citat, daß deutscher Adel in Sachen des Patriotismus stets voranging.

Ein ganz vergessener Schriftsteller, für den ich eine besondere Vorliebe habe, der alte Keyßler\*), begleitet mich; ich blättere in seinem Buche, während ich die Figuren betrachte, die Sabina von Steinbach auf dem Bauwerke ihres Vaters aufgestellt, und begegne Notizen darin, die ich sonst nirgends gefunden. Ich lese, daß die Grundsteine der Kirche im Wasser und auf weicher Thonerde stehen. „Noch vor wenig Jahren", schreibt Keyßler im Jahre 1729, „konnte man in den untersten Gewölbern im Kahne herumfahren, aber itziger Zeit ist der Eingang vermauert." Dazumal waren noch die spöttischen Bildne-

---

\*) Keyßler's neueste Reisen, 1. Bd. (Frankfurt 1751).

reien in den Gesimsen der Kirche zu sehen, welche Esel, Affen, Schweine im Mönchshabit bei der Messe vorstellten, auch Mönche, die sich bei Nonnen unziemliche Freiheiten erlaubten. Hatten sich die Handwerker auf eigene Faust derlei erlaubt, oder wollten die Clerici saeculares Rache nehmen an den Mönchen, die ihnen überall Eintrag thaten? Die Figuren wurden bald hinweggenommen. Erwägt man ferner, daß im Jahre 1793 mehrere Hundert Statuetten von Heiligen zertrümmert wurden, so kann man berechnen, wieviel des Wunderlichen an Bildnerarbeiten der Münster bereits eingebüßt.

Bald stehe ich auf der Plattform und sehe hinab auf die herrliche, unendlich weite, vom Rhein durchzogene Ebene. Meine erste Frage an den Aufseher ist, wo Sesenheim liege, und er zeigt mir in der Ferne eine kleine Anzahl vorblickender Dächer, auf denen ein letzter Abendsonnenschein liegt. Mir ist's, als sähe ich den jungen Goethe hinausreiten durch Felder, die Zäune entlang. Ein letztes Licht des von Straßburg scheidenden deutschen Lebens liegt auf dieser zauberhaft schönen Idylle, der Geschichte des von Goethe geliebten und verlassenen Mädchens. Wie ein Märchen erscheint es, wie sich damals hier, im jetzt französisch gewordenen Lande, so viele der edelsten deutschen Namen wie zu einem Stelldichein getroffen: Goethe, der heranwachsende Heros, Herder, der

Weise, Reinhold Lenz, dieser Stern von Genialität, der leider so früh sich verfinstern und erlöschen sollte, endlich der schwärmerische Jung-Stilling. Damals, kann man sagen, war Straßburg noch deutsch, trotz jahrhundertelanger Fremdherrschaft.

Zu Keyßler's Zeiten wurde auf der Plattform noch das metallene Kräuselhorn gezeigt, das noch damals „zweimal des Nachts zur Schande der Juden geblasen wurde". Also bald vierhundert Jahre waren vergangen, seitdem sich die Ereignisse zugetragen, an welche dieses Horn mahnte, und der Gebrauch war noch nicht abgeschafft. Das Jahr 1349 war für die Straßburger Juden ein furchtbares gewesen; man hatte ihnen zur Last gelegt, daß sie die Stadt verrathen und dem Feinde, das heißt den kaiserlichen Heereshaufen, die mit dem Bischof in Fehde waren, mit einem Horn ein Zeichen hätten geben wollen. Darauf begannen massenhafte Verhaftungen und am 14. Februar 1349 wurden alle Juden, welche sich nicht taufen lassen wollten, auf dem Friedhofe verbrannt, welcher Platz heute noch die Brandstraße (rue brulée) heißt. An zweitausend duldeten das Martyrium.

Nun muß man sich wundern, daß überhaupt noch ein Jude sich auf der Stätte ansiedeln mochte, wo für ihn der Brandgeruch von seinen Ahnen in der Luft hängen mußte; dessenungeachtet kehrten einzelne Judenfamilien schon nach zehn Jahren wieder in Straßburg ein. Man verbannte sie bald wieder, und vier Jahrhunderte lang ist kein Jude im Elsaß. Da öffnet ihnen Frankreich wieder die Thür, die Revolution gibt ihnen Menschen- und Bürgerrechte. Jetzt hat von allen französischen Departements der Elsaß die stärksten Procente jüdischer Bevölkerung.

Und wieder gegen Abend wurde ich an die Juden erinnert. Ich saß in einem Weinhause nahe dem Münster. Eine Gesellschaft, Künstler und Studenten durcheinander, zechte dort und war sehr heiter. Mit einem Male tönt von draußen ein Leierkasten herein, zu dessen herzzerreißenden Tönen ein alter Bettler sein Lied singt. „Schickt ihn fort!" rufen Einige im Kreise. „Nein, bringt seinen Kasten herein!" ruft ein großer blonder Mensch; „ich singe Euch selbst ein Lied dazu." — „Singe uns das von den ägyptischen Plagen!" ruft ein Dritter, „das wird trefflich passen und die im Nebenzimmer ärgern." Er weist mit dem Blick auf ein paar elegante Herren, vermuthlich Geschäftsreisende, deren Gesichter ein stark semitischer Schnitt kennzeichnet. Die Drehorgel wird hereingebracht, mit besorgter Miene folgt ihr der Besitzer, sie wird aufgestellt und in der Haltung eines Bänkelsängers beginnt der junge blonde Mann folgendermaßen:

Sur les rivages humides
Et peuplés de crocodils
Les juifs gemissaient et ils
Batissaient des pyramides
Sans autres consolation
Que de manger des oignons.

Sachez, que ces crocodils
Sont des feroces lézards,
Plus grands que le pont des arts,
Qui mangaient les juifs par mille.
Les oignons dans ces malheurs
Leur tiraient encore des pleurs.

Die Anzüglichkeit dieser Verse war von den Herren im Nebenzimmer sogleich bemerkt worden, doch blieben sie ruhig sitzen. Der Bettler, ein gebrechlicher alter Mann mit weißen Haaren, lauschte indeß dem, der ihn abgelöst hatte, mit andächtiger Miene; der Blödsinn hatte seinen Humor, der Sänger fuhr fort:

Ce peuple rempli d'audace
Mais ne voulait pas mourir,
Aurait voulu déguerpir
Pour aller vivre en Alsace,
Mais pour s'en aller d'abord,
Il fallait un passeport.

Un monarque légitime,
Mais plein de perversité,
Leur retenait leur papiers —
Il n'aura pas notre éstime.
Voulez vous savoir son nom?
C'était le roi Pharaon.

Während der junge Maler noch sang und nun die Reihe an alle sieben Plagen kam, hatte ein Anderer, den Hut in der Hand, mit komischer Geberde Geld zu sammeln angefangen. Jeder gab das Doppelte und Fünffache, was man sonst zu geben pflegt. Da winkte ihn auch der eine jener Herren im Nebenzimmer herbei und ein Napoleon flog in den Hut. Das Geld wurde dem Leierkasteneigenthümer eingehändigt. Dieser, das Goldstück sehend, brach in lauten Jubel aus; die Gesellschaft tausendmal segnend nahm er die Orgel wieder auf den Rücken. Aber die Spaßvögel verstummten, die Zwei drüben hatten sich nobel gerächt.

Am andern Tage sollte ich in Bezug auf Elsasser einer noch weit eigenthümlichern Species begegnen, als ich sie im Café de la place d'Austerlitz gefunden. Ich war zurück über den Rhein gegangen und stand auf der Terrasse von Badenweiler, wo man die in ihrer Art einzige Aussicht auf die ungeheure Rheinebene genießt. Die Sonne war im Untergehen und zeigte am äußersten Horizont eine feuerroth glänzende Fläche — den Rhein. Da gesellte sich ein Fabrikant von Mühlhausen zu mir, ein freundlichblickender, jovialer Mann mit blondem Bart und geröthetem Gesicht; er hätte jedem Maler für ein Hohenstaufenbild als Typus eines echten Germanen dienen können.

„Bei Gott, doch ein herrliches Land, wie es so vor uns daliegt", meinte er. „Dieser Laubholzwald zu unsern Füßen, diese Rebenhügel, so weit gedehnt, wie nur ein Vogel fliegt, dann diese Saatenfluren und in der Mitte der Strom, der in Europa nicht seinesgleichen hat! Welcher Reichthum, welch ein Paradies! Und wirklich, dieser Strom da ist nicht bestimmt, die beiden Länder zu scheiden, er befruchtet ja beide Ufer gleichmäßig, rechts und links wohnt ein Volk von einer Abstammung, von einer Sprache. Die Grenzen dieses Gaues sind durch die Vogesen einerseits, den Schwarzwald andererseits klar genug umrissen. Dort — so blau, daß man sie für eine Wolkenkette halten möchte — die Kette der Vogesen, das ist die wahre Grenze! Habe ich nicht Recht?"

„Ei", sagte ich, „solch eine Sprache zu hören, freut mich. Wissen Sie, daß Sie der einzige Elsasser sind, von dem ich je etwas Aehnliches gehört?"

„Ja, ja, aber verstehen Sie mich nur recht", erwiderte der Fabrikant. „Wenn ich sage, die beiden Ufer gehören zusammen, so ist das natürlich nur so gemeint, daß Baden einst zu uns herüberkomme, denn den Elsaß von Frankreich wegzudenken, das ist ja unmöglich!"

Ich muß gestehen, daß ich durch diese Aeußerung eines Deutschen beinahe umgeworfen, ich kann sagen, gleichsam in die Luft gesprengt wurde.

Als ich sie einige Stunden nachher einem über den Elsaß wohlunterrichteten Badenser mittheilte, war dieser keineswegs überrascht. „Allerdings", sagte er, „so sind die Elsasser! Sie haben sich im Geiste ganz von Deutschland abgekehrt, rühmen sich, die beste französische Gesinnung zu haben, und denken nur daran, es den Franzosen im französischen Patriotismus zuvorzuthun. Ich weiß nicht recht, wie das gekommen ist, aber ich denke, die große Revolution von 1789, die das mittelalterliche Kastenwesen zertrümmerte und dem bisher tiefbedrückten Volke ein so ungeheures Maß von Gleichheit und Freiheit brachte, hat die Elsasser zu so leidenschaftlichen Anhängern Frankreichs gemacht. Auch wurde ja die revolutionäre Idee im Elsaß mit ganz besonderer Energie und Wildheit durchgefochten, und die Terreur herrschte nirgends furchtbarer als dort. Seitdem findet jeder Einzelne durch die Einverleibung der Provinz in ein großes Reich seinen Vortheil, jeder kommt nur dadurch vorwärts, daß er französisch spricht, französisch denkt, sich als Franzosen gibt. Wer bei längerem Aufenthalt in Frankreich den Blick auf die innern Zustände nur etwas schärfer richtet, dem drängt sich die Ueberzeugung tausendfältig auf, daß der Elsasser von heute im französischen Element als bereits aufgegangen anzusehen ist. Die Regierung ihrerseits hat die Bürger der beiden Rheindepartements völlig als Franzosen acceptirt.

Elsasser nehmen Staatsstellen von der untersten Stufe bis zur höchsten ein, sowohl im Militär als in der Verwaltung; nirgends ist seitens der Regierung ein Mißtrauen sichtbar, wie wir demselben z. B. in Posen gegen den geborenen Polen begegnen. Immer wieder trifft man sogenannte Franzosen, die rein deutsche Namen führen, aber kein Wort Deutsch mehr verstehen. Es sind Söhne von Elsassern, die nach Paris oder in rein französische Departements übergesiedelt sind und sich nicht mehr die Mühe gegeben haben, die Sprache ihrer Vorfahren zu erlernen. Ich zweifle, daß Herr Haußmann, der Präfect von Paris, oder der ehemalige Minister Herr Weiß noch ein Wort Deutsch verstehen.

Wenn es noch eines Zeugnisses bedürfte", fuhr mein Gewährsmann fort, „nicht der Amalgamirung zweier dem Ursprung nach nicht verwandter Nationen, nein, des völligen Aufgegangenseins der Deutsch-Elsasser im französischen Elemente, so brauchte man nur auf die Pariser Presse hinzuweisen, welche in ihrer Mitte so viele, zum Theil ausgezeichnete Repräsentanten an den Elsassern besitzt. Hetzel (Stahl), Aurelien Scholl, Erkmann und viele Andere stehen schon ganz als Franzosen da; keiner von ihnen denkt daran, sein deutsches Heimatsrecht zu vindiciren. Das Seltsamste aber erleben Sie, wenn Sie in Paris zu St. in die Redaction des «Temps»

treten, des Blattes, das durch elsasser Millionäre ge‑
gründet worden ist. Man sagt Ihnen dort, daß Herr
Dollfuß abgereist sei, Herr Nefftzer aber gleich ein‑
treffen werde. Sie fragen, wer der Herr mit dem scharf‑
gezeichneten Kopf und früh ergrauten Haar sei, der dort
in der Ecke, in eine Zeitung vertieft, sitzt. Es ist Edmund
Scherer, welcher die literarischen Revuen für das
Blatt schreibt. Dollfuß, Nefftzer, Scherer, das
sind doch, nicht wahr, lauter Namen, die nicht eben
französisch klingen? Ei nun, es sind Elsasser, und noch
nie ist es bei der Lectüre des «Temps» einem französi‑
schen Leser eingefallen, daß das Blatt nicht ebenso gut
französisch gesinnt sei, wie etwa der «Siecle» oder die
«Opinion Nationale».

Kurz herausgesagt", schloß mein Badenser, „die
Sache ist verpfuscht und nicht rückgängig zu machen. Im
Jahre 1815, nach der Schlacht von Waterloo, wäre es
uns ein Leichtes gewesen, den Elsaß wiederzugewinnen.
Die Deutschen verlangten ihn als eine für sie nothwendige
Schutzwehr zurück. Rußland und die von den Bourbonen
gewonnenen Tories traten dagegen auf. Die deutschen
Mächte gaben nach. Solche Gelegenheiten, einer ganzen
Existenz eine andere Richtung zu geben, sind im Leben
des Einzelnen wie der Staaten nur ein- oder zweimal
da; werden sie versäumt, kehren sie nicht wieder. Jetzt

griffe jeder Elsasser zu den Waffen, wenn man ihn von der Fremdherrschaft befreien, das heißt badisch oder preußisch machen wollte. Unsere Erbsünde, die Uneinigkeit, mußte ihre Strafe finden. Diese geschichtliche Nemesis ist nicht mehr rückgängig zu machen."

# Baden-Baden.

Ich bin in Baden-Baden. Es ist eine milde helle Sommernacht, die Sterne blinken vom Himmel herab, der Mond will hinter den Tannen aufgehen. Die Stadt, ein Durcheinander üppiger Villas und glänzender Hotels, zwischen Gärten und Hügeln hin und her verstreut, von bewaldeten Bergen überragt, wo alte Trümmerreste herablugen, ist in ihren Umrissen kaum erkennbar. Aus den Fenstern, hoch und niedrig, blitzen Lichter daher, wie im Busch verstreute Johanniswürmchen.

Der Platz vor dem Conversationshaus ist glänzend beleuchtet, im Kiosk spielt die Militärmusik. Tausende von Stühlen sind ins Freie gerückt; ein Theil der Gäste sitzt, der andere wandelt auf und nieder. Welche Fülle von Gestalten, welch schöne Frauen, welches Leben!

Von allen Seiten höre ich französische Laute. „Sind wir denn eigentlich hier in Paris?" frage ich Alexander Weill. „Ich sehe ja schwarzwälder Tannen vor mir."

„Eins und das Andere; Sie sind in Paris und im

Schwarzwald", erwidert er. „Baden-Baden c'est le boulevard des Italiens dans les montagnes."

Aus den geöffneten Fenstern des Saals, wo sich die dämonische Scheibe dreht und die kleine Kugel rastlos für Monsieur Benazet arbeitet, klingt das Geklimper hingeworfener Gold- und Silbermünzen, und wie das hier immer der Fall, kommt die Rede aufs Spiel.

„Ich meinestheils mag", sagt mein Nachbar zur Rechten, „in das allgemeine Gezeter gegen die Banken nicht einstimmen. Die Parole oder vielmehr das Zauberwort: „Messieurs, faites le jeu!" hat diesen feenhaften Aufenthalt geschaffen, dies Wort hat die Paläste und Villen gebaut — was will man dagegen sagen? Gönnen wir Baden-Baden seine Spielbank. Es ist wahr, die Stadt lebt von der Ausbeutung des ganzen opulenten Europa, aber diese Ausbeutung hat die nobelsten Formen, die vornehmsten Allüren. Wir befinden uns gleichsam auf dem Landsitz eines freilich zweideutigen Cavaliers, der uns jeden Tag ein Fest gibt, abends aber in seinen Appartements Bank hält. Ich kann nicht sagen, daß mir diese Ausbeutung mißfällt, wenn ich sie mit der vergleiche, die z. B. in den böhmischen Bädern herrscht. Diese ist klein, mesquin, schofel, sie geht im Armenvaterfrack mit der Sparbüchse umher, klopft an jede Thür und legt in jedem Hause ein großes Buch vor, in welchem Jedermann ehrenhalber acht oder zehn Rubriken frommer Gaben ausfüllen muß. Dafür genießt man das Recht, Mineralwasser trinken zu dürfen. In Baden dagegen zahlt der Fremde gar nichts, lustwandelt aber in den schönsten Anlagen, hat ein Lesecabinet mit fünfzig Journalen zur Benutzung, hört dreimal des Tages die vorzüglichste Musik und im Theater die vorzüglichsten Sänger — «Messieurs, faites le jeu!» zahlt Alles, die Scheibe dreht sich. Trete vor, wer sich für ein Glückskind hält!"

„Und Mancher, der sich zuerst für ein Glückskind gehalten, lud die Pistole und erschoß sich."

„Schießen sich nicht auch Leute todt, die an der Börse schlecht speculirt haben? Kann man nicht binnen einiger Wochen Tausende blos dadurch verlieren, daß man sein österreichisches Nationalanlehen, seine Süd- oder Nordbahnpapiere ruhig im Kasten gelassen hat? Haben Sie nicht daheim in jeder Stadt ein Dutzend Lottocollectionen? Schaffe doch Oestereich zuerst sein Lotto ab, das dem Armen, der vielleicht kaum Brod hat, den Kreuzer abnimmt! Die Menschen haben nun einmal den Spieltrieb und die Hoffnung eines zu erwartenden Gewinns ist auch ein Reiz im Leben. Dies zur allgemeinen Rechtfertigung. Was speciell diese Orte betrifft, so sind die Leute, die nach Wiesbaden, Homburg, Baden-Baden kommen, größtentheils zu reich, als daß sie der Verlust, den sie erleiden, sonderlich afficirte. In unserm besonnenen Jahrhundert bewegt sich auch die Leidenschaft des Spiels meist in mäßigen Grenzen. Wer mit einer Handvoll Fünffrankenthaler kommt und sie verschwinden sieht, beruhige sich mit dem Gedanken, daß Benazet, der dem Reisenden so viel schenkt, auch leben will. Was ich an der Bank verliere, schmerzt mich auch viel weniger, als was mir ein Einzelner beim Kartenspiel abnimmt, denn die Bank ist gleichsam ein unpersönliches Wesen; ich habe nicht den Verdruß, zu sehen, wie sich einer für mein Geld eine neue Uhrkette oder einen neuen Paletot kauft. Und endlich — gewinnt denn Niemand? Haben wir denn wirklich lauter Opfer vor uns? Ich weiß eine Geschichte von einem kleinen Kaufmann, der bei einem Geschäfte dreihundert Gulden gewonnen hatte. Anstatt sie seiner Frau und den Kindern zu bringen, die ihrer nothwendig bedurften, geht er spielen. Man erfährt, wohin er gegangen. Die Frau klagt es allen Nachbarinnen, alle stimmen überein, der Mensch sei ein Scheusal, ein Räuber an seinen Kindern, ein Rabenvater. Aber am andern Morgen kehrt er zurück und bringt zwanzigtausend Louisdor mit. Er kauft dem Sohn ein Haus, stattet die Töchter aus und verheirathet sie. Nie rührt er eine Karte mehr an. Wie werden Sie das beurtheilen?"

„Paradoxen!" erwidere ich. „Dieser Fall, auch wenn er keine Fabel sein sollte, wird sich nicht oft zugetragen haben. Und doch, es würde mich wirklich das ganze Unwesen des Spiels wenig anfechten, wenn ich wüßte, daß nur Vermögende spielen. Macht das Spiel nicht öffentlich, erschwert den Eintritt und es gehe hin. Der Staat duldet ja auch Bordelle. Ja, laßt die Reichen spielen, laßt Geld, arbeitslos verdient und dem Glücklichen durchs Fenster zugeflogen, ebenso wieder in der Luft verschwinden, aber wagt Euch nicht an den sauer verdienten Gulden des Armen! Die Lockung jedoch allgemein machen, dem Laster erlauben, daß es seine Netze öffentlich ausstelle, das ist schlecht. Wer nur allzu oft den Mann mit schwieliger Hand, die Frau im mehr als bescheidenen Kleid an den Spieltisch treten und den Sparpfennig verlieren sah, dem bleibt ein Eindruck, den er im Leben nicht mehr los wird, der kann auch fortan nur Verachtung für eine Regierung empfinden, welche des Gewinns wegen, den sie davon zieht, solche Fangplätze bestehen läßt."

Die Freunde treten ins Conversationshaus, ich bleibe draußen und beobachte das Gewühl. Welch exorbitante Toiletten! Der Putz der Damen ist in letzter Zeit so phantastisch geworden, daß man sagen kann, jede könne sofort in einer beliebigen romantischen Oper auftreten.

Welch närrisch=phantastische Hütchen, welche Federn, welche Mäntel, welche Kleider mit mächtigen Bauschen!

Im Vorübergehen erkenne ich manche Notabilität, meistens sind es Franzosen. Dieser Kopf mit dem Ausdruck eines Falken gehört Hector Berlioz. Er ist sehr grau geworden, hager wie ein Taktstock. Ehrgeiz zehrt, Verkennung drückt ihn und er ist schon alt.

Hier geht ein Mann, vom Kopf bis zum Fuß weiß gekleidet, ein Glas ins Auge geklemmt, das Band der Ehrenlegion im Knopfloch. Es ist Emil de Girardin, der Versatile! Erst war ihm das Louis=Philipp'sche Zweikammersystem die beste Staatsform, die Pairswürde das höchste Ziel politischen Strebens, dann warf er sich der Republik, ja dem Socialismus in die Arme, berechnete jedoch fortwährend den Napoleonischen Glücksstern. Sein Calcul fiel bis jetzt noch immer falsch aus. Bald ergreift er die Feder, bald wirft er sie, wie er sagt, auf immer hinweg, um sie ein paar Wochen später wieder aufzunehmen. Jetzt ist der Publicist Lustspieldichter geworden.

Doch fixiren wir jene kleine runde Gestalt eines alten Mannes mit scharfer und feingeschwungener Nase, bitter zusammengekniffenem Mund, grauen Augen, welche hinter einer goldenen Brille hervorsehen. Das ist Thiers. Welcher Ausdruck von Verdrießlichkeit in seinem

Gesicht! Doch man begreift das, sein Loos ist ein beinahe tragisches. Wenn er, der echte Sohn des Orleanismus, auf seinen Lebensweg zurückblickt, was muß er über jene ironische Schicksalsmacht denken, welche unsere feinstangelegten Pläne geradezu gegen uns spielen läßt? Um seinen König populär zu machen, klammerte sich seine Politik an die große nationale Ruhmepoche fest. Er wagte es mit der Asche von St.-Helena zu speculiren, damit beim Lärm ihres Einzugs das Volk nicht höre, wie Paris befestigt werde. Er hatte den Griffel des Geschichtschreibers ergriffen, um der Welt zu sagen, daß Louis Philipp zu regieren fortfahre, wo Napoleon abgebrochen. Der Succeß war groß, und er dachte nicht, daß er eben mit diesem Buche den Boden dem wiederherannahenden Napoleonismus ebne. Und doch war es so, und alle Anstrengungen von heute machen die eigene That nicht mehr rückgängig.

Eben will ich den Heimweg antreten, da fällt mir eine eigenthümliche Gestalt auf, die gleicherweise auf die Stadt zugeht. Es ist die Gestalt eines Mannes in den fünfziger Jahren, mit stark ergrautem, struppigem Haar, verwitterten Zügen und einer scharfgezeichneten, intelligenten Physignomie. Der hoch aufgekrempte, schief aufsitzende Hut kennzeichnet den Franzosen. Er trägt einen seltsam geschnittenen grauen Flausrock.

Mann und Flausrock, ich habe beide schon gesehen, aber wo? Das ist die Frage. Noch sehe ich ihn an, da ruft er meinen Namen, und bei dem Ton der Stimme fällt mir plötzlich ein, wen ich vor mir habe. „Monsieur Desbarolles", sage ich, „also hier sollen wir uns wiedersehen?"

„Ich freue mich herzlich —"

„Ich nicht minder. Es mag vier bis fünf Jahre sein, seitdem wir uns zuletzt in Prag gesehen haben. Was führt Sie denn hierher?"

„Meine Wissenschaft, einzig meine Wissenschaft!"

„Sie üben sie noch immer?"

„Welche Frage! Die Wissenschaft aller Wissenschaften sollte ich im Stiche lassen? Nicht, solange ich lebe! Doch wohin gehen Sie? Ins Hotel? Auch ich hatte diese Absicht. Ich begleite Sie und wir schwatzen zusammen."

Herr Adolphe Desbarolles ist ein Chiromant. Jene Kunst, welche im Mittelalter eine so große Rolle spielte, die von der Lenormand in Paris und in den Congreßorten so gewinnreich ausgeübt wurde, die heutzutage aber für das ausschließliche Privilegium nomadisirender Zigeuner angesehen wird, diese Kunst übt er auf — wie er es nennt — wissenschaftlicher Unterlage. Von Haus aus Maler und Journalist, ist er allmälig Wahrsager geworden. Als solcher practicirt er bald in Paris, Rue d'Enfer — der Hexenmeister gehört mit Fug und Recht in die Nähe der Hölle — bald in London, bald in Baden-Baden, wo er, wie er behauptet, ganz besonders nothwendig ist. Vor ein paar Jahren hatte er sich zu einer Reise durch Deutschland aufgemacht, das in den Köpfen der Franzosen noch immer für ein Land gilt, in welchem phantastische und mystische Wissenschaft florirt und mit Liebe gepflegt wird. Er hatte eine Zeit lang in Dresden Consultationen gegeben, welche vorzugsweise von den dort lebenden Russen und Polen benutzt wurden, und war hierauf in gleicher Absicht in die Stadt gekommen, wo vor Jahrhunderten auch Seni und Tycho Brahe Horoskope gestellt hatten. Dort hatte ich ihn kennen gelernt.

Die Chiromantie ist eine uralte Wissenschaft. Ihre Anfänge sollen schon von Aristoteles angedeutet sein; auch gründet sie sich auf zwei Aussprüche der heiligen Schrift. „Et erit quasi signum in manu tua", soll es im zweiten Buch Mosis, und: „In manu omnia signata sunt" im Hiob heißen. Uebrigens steht diese Wissenschaft mit der Astrologie in Verbindung; sechs Gestirne wirken auf den Menschen ein, jedem Gestirne gehört ein Finger der Hand und ein Hügel der Handfläche. Die Entwicklung und Stärke dieser Hügel und die Stellung und Anordnung der sie streifenden und durchkreuzenden Linien zu studiren und zu dechiffriren, ist der Gegenstand der Chiromantie.

Herr Desbarolles gibt nach einer Beschauung der Hand den Charakter des Menschen an. Die Hand ist ihm ein Maß des Geistes und seiner Grundvermögen; Geschlechtssinn, Kampfsinn, Zerstörungssinn, Eigenthumssinn, Selbstgefühl, Vorsicht, Wohlwollen, Sinn für Wunderbares, Phantasie, Idealität, Zahlensinn, musikalische Anlage, Schlußvermögen, alles das ist in der Structur der Hohlhand ausgeprägt. Doch damit ist es nicht genug. Jedes wichtige Lebensereigniß ist in der Hand mit unverwischbaren Zügen eingegraben; kurz, wir besitzen an den scheinbar harmlosen Ausläufern unserer Extremitäten ein dicht vollgeschriebenes Grund- und Memorienbuch, in welchem nicht nur der vollständige Katalog unserer Anlagen und Gebrechen, Tugenden und Laster, Fähigkeiten und Gewohnheiten verzeichnet, sondern auch unsere ganze äußere und geheime Lebensgeschichte mit unverfälschbarer Geheimschrift eingegraben ist. Auch unsere Glücksanlage ist da verzeichnet, und so wird es auf seine Beurtheilung ankommen, ob man den grünen Tisch zu meiden habe oder ihm vertrauensvoll nahen dürfe.

Muß ein Mensch, der die Chiromantie ausübt, nothwendigerweise das sein, was man einen Charlatan nennt? Ich will mich darüber nicht peremtorisch aussprechen. In unserer Zeit den Glauben an die Einwirtung der Gestirne zu behaupten, ist allerdings ein schweres Stück. Andererseits muß man bedenken, daß wunderliche Känze unter der Sonne herumlaufen. Absonderliche Lectüre, der Glaube, etwas Neues gefunden zu haben, wirken ganz eigenthümlich auf den menschlichen Kopf. Es gibt ja auch Magnetiseure und Geisterseher aus Ueberzeugung. Herr Desbarolles hat das Wesen und den Ausdruck eines Menschen, den der Unglaube einer Welt nicht aus der Fassung brächte. Er wird dem ironischen Blick unerschütterlichen Gleichmuth, jene Ruhe und Festigkeit entgegensetzen, welche den Hohn des Skeptikers entwaffnet. So ist der Verfasser eines dickleibigen Werkes: „Les mystères de la main."

Im Wirthshaus sitzend sprechen wir von Hume oder Home, der noch unlängst in Paris so viel Aufsehen erregte.

„Ich kenne ihn nicht und habe ihn nie gesehen", sagte mein Chiromant, „aber ich glaube an ihn; er ist ein Mensch von außerordentlicher magnetischer Kraft, gewissermaßen ein menschlicher Zitterrochen. Ohne daß man begreifen kann, wie es geschieht, verlassen Möbelgegenstände in seiner Nähe ihren Ort und spazieren durchs Zimmer. Man fühlt in seiner Gegenwart, wie mir glaubwürdige Zeugen betheuern, unsichtbare Hände, die einen entweder packen und festhalten, oder liebkosen und streicheln. Damen fühlen diese unsichtbaren Hände selbst in ihrem Schlafgemach. Die Phantasie der Kaiserin Eugenie hat dieser seltsame Mensch in hohem Grade gefesselt und er wird oft in ihre Cirkel gezogen. Uebrigens", fügte Herr Desbarolles hinzu, während über sein Gesicht ein Lächeln befriedigten Ehrgeizes zog, „bin auch ich in die Tuilerien berufen worden und habe die Hand sowohl des Kaisers als der Kaiserin besehen und prüfen dürfen."

„Ei, ei", sage ich, „so wären Sie denn eigentlich der Mensch, der uns sagen kann, wie lange die Napoleonische Herrschaft dauern und welchen Ausgang sie nehmen wird?"

„Allerdings weiß ich das", erwidert Herr Desbarolles mit einem Nicken des Kopfes, während ein Lächeln um seinen Mund spielt. „Ich will nicht behaupten, daß die chiromantische Wissenschaft im Stande ist, Jahr und Tag des Todes zu bestimmen, aber die Hauptzüge des künftigen Lebens, Glück oder Unglück, die signa fausta et fatalia erkennt sie sicherlich!"

„Und wollen Sie mir mittheilen, was Sie in der Hand Louis Napoleon's gelesen?"

„Mit dem größten Vergnügen! Ich habe diese Hand, die in der Welt eine so wichtige Rolle spielt, genau studirt, sie meinem Gedächtniß mit allen Einzelnheiten eingeprägt; ich erlaube mir, Sie Ihnen hier aufzuzeichnen." Damit zieht er ein Stück Kreide aus der Tasche, entwirft eine Zeichnung auf dem braunen Ledertuch, das über den Tisch gebreitet ist, und beginnt die folgende Erklärung:

„Die Gestirne, unter deren Einfluß Napoleon III. steht und deren Signatur er in der Handfläche trägt, sind die Sonne, Mercur, der Mond, Jupiter, Saturn und Venus. Das heißt kurz: es findet bei ihm der äußerst seltene Fall statt, daß alle Planeten, die unser System berücksichtigt, ihn beherrschen. Doch was noch seltsamer ist, sie beherrschen ihn alle in gleichem Maße; alle Hügel sind in gleichem Grade entwickelt. Man sollte meinen, daß eben aus diesem gleichen Einfluß widerstrebender Kräfte eine Art Lähmung, eine gewisse Inertie hervorgehen sollte; dies wäre in der That der Fall, wenn sie nicht durch eine andere Kraft, welche sie eine um die andere in Bewegung setzt, beherrscht würden.

Napoleon's III. Hand sieht sehr einfach aus. Seine Fingerspitzen sind viereckig, was Klarheit, Verstand bedeutet; nur der Ringfinger ist spatelförmig. Wir Chiromanten nennen den Ringfinger den Finger der Sonne; seine eigenthümliche Ausbildung zeigt in diesem Falle, daß die Klarheit und Freiheit der Entschlüsse in diesem Charakter vorherrscht.

Die Hohlhand ist bei ihm gerade so lang wie die Finger, ein Zeichen, daß der Mensch mit dieser Hand im höchsten Grade die Fähigkeit hat, das Ganze wie das Detail zu beherrschen. Es sind Hände eines Administrators.

Das erste Daumenglied, das, wenn es lang ist, Herrschsucht, tyrannische Gemüthsart ausdrückt, ist beim Kaiser nur mittelgroß. So ist er widerstandskräftig, ohne herrschsüchtig zu sein. Er wird das thun, was ihm an der Zeit scheint, aber immer geneigt sein, eine bessere Idee als die seinige anzuerkennen. Sein Daumen, weder zu lang, noch zu kurz, ist der eines ruhigen und geduldigen Mannes ohne Enthusiasmus, der sich stets die Freiheit des Handelns vorbehält.

Kurz, die Hand Napoleon's III. ist ein Muster von Gleichgewicht, eine ruhige Hand, der Ausdruck der Selbstbeherrschung

„Und wie steht es mit der Lebenslinie?" frage ich. „Ich glaube gehört zu haben, daß eine oder zwei Linien, welche nach der ganzen Länge der Hand hinlaufen, ein Zeichen langen Lebens sind."

„Es ist die Linie, welche um die Wurzel des Daumens läuft", erwidert Herr Desbarolles. „Aus ihrer bald ununterbrochenen, bald unterbrochenen Länge oder Kürze, aus ihrer Schwäche oder Tiefe, Dicke oder Dünne spricht die wahrscheinliche Dauer des Lebens. Wie besorgt war ich auf meinem Gange in die Tuilerien, wie ich diese Linie finden werde! Wie schlug mir das Herz, als der Kaiser sagte: „Voila ma main!" Ihre Ausbildung überraschte mich. Sie ist ganz rein gezeichnet und wird zum Ueberfluß von der Linie des Mars begleitet, die ihr noch mehr Energie verleiht. Es ist kein einziges Zeichen da, das auf ein gewaltthätiges oder plötzliches Ende deutete, und ich sah ein, wie alle Anschläge auf das Leben des Kaisers bisher hatten fehlschlagen müssen. Orsini hätte doppelt so viel Schüsse in seiner Bombe anbringen können, dem Kaiser wäre kein Leid geschehen. Doch mein Befremden wuchs; ich fand in dieser übrigens so einfachen, so ruhigen Hand ein Zeichen, das ich, wie viel tausend Hände ich schon untersucht, noch nie in derselben Gestalt gefunden hatte!

Es war auf dem Mondhügel der Hand ein vollständiges, reingezeichnetes Viereck, das von keiner andern Linie, welche seine Bedeutung schmälern könnte, berührt oder durchkreuzt ward. Ich habe jahrelang nachgedacht, was dies geometrische Quadrat bedeuten könne. Ich glaube es jetzt zu wissen. Ist es Ihnen nicht aufgefallen, daß Louis Napoleon nie aus einem System, nie aus einer vorgefaßten Meinung heraus handelt, sondern, scheinbar sprungweis, immer das Zweckmäßige ohne

Nachdenken, ohne Berechnung trifft? Kurz, das seltsame Viereck bedeutet die Gabe der Intuition, die in gewissen Momenten bis zur Divination reicht. Der Kaiser hat das zweite Gesicht.

Er hat aber auch eine magnetische Gewalt. Leute, die als seine bittersten Feinde vor ihn getreten, sind von ihm fascinirt als seine Anhänger fortgegangen. Ja, er vermag auf die, die ihm feindlich gegenübertreten, durch die Kraft seines Willens verderblich zu wirken. Kaiser Nikolaus starb während des Krimkriegs plötzlich, in der Höhe seiner Körperkraft, und Garibaldi traf, als er Frankreich am Quirinal angreifen wollte, die Kugel, nachdem er sein ganzes Leben lang für kugel- und stichfest gegolten."

Das Gespräch hatte eine beinahe bedenkliche Höhe der Phantastik erreicht und Mitternacht war nahe. Wir gingen auseinander.

# Heidelberg.

## I.

Wer ist so vermessen, daß er das Heidelberger Schloß beschreiben wollte? Es kann nur einer Feder gelingen, die wie ein zarter Pinsel das Geisterhafte, Weiche, Traumhafte wiederzugeben wüßte. Ich meinerseits kenne jedes Mauerstück, jeden Söller, jeden Erker, jede der hundert Figuren in den Nischen, aber ich müßte verzweifeln, sollte ich das Alles schildern. Selbst die traumhafte Stimmung, die bei dem Anblick meine Seele faßt, vermag ich nicht zu analysiren. Ist es Freude, daß die Trümmer so schön, ist es Wehmuth, daß Alles zerfallen?

Immer wieder zieht es mich in den Schloßhof vor jene glorreich schöne Mittelfronte, den sogenannten Palast Otto Heinrich's. Welche liebliche Verwüstung, welche Poesie des Zerfalls! Das Wildeste, was die Natur und die Menschen haben: Blitz, Feuer, Wurfgeschosse, haben sich schrecklich vereinigt, und daraus ist das Reizvollste hervorgegangen. Indem diese Mächte Dach und Plafonds wegriffen und nur die Vorderseite des Palastes mit ihren Standbildern stehen ließen, haben sie das Ganze gleichsam in eine märchenhafte Decoration, die Fronte eines Feenpalastes verwandelt. Nichts ist mehr für einen reellen Zweck und für Menschen da, Alles nur für das Auge, für die Phantasie, für Geister. Was das oberste Stockwerk war, ist eine offene Gallerie geworden, der blaue Himmel blickt hindurch, es ist, als wäre das Alles so, weil es schön ist.

Hat wirklich ein Schüler Michel Angelo's diese Façade mit den drei Stockwerken gezeichnet? Es kann wohl sein; sie entstand von 1552 — 56, athmet jenen Geist üppigster Eleganz, der unter Leo X. und dem zweiten Julius in die Kunst hineinkam, und der wunderliche Geschmack, der hier in den Nischen Allegorien und historische Portraits, Bibelgestalten und Gestalten der griechischen Mythe aufgestellt und in bizarrer Laune durcheinander gemischt, ist eben der Geschmack des damaligen halb katholischen, halb heidnischen Rom. Josua steht neben Simson, Simson neben Mars, Helena neben Judith. Nun ist's, als habe die Natur mit dem Meißel wetteifern wollen, indem sie Alles drapirte, die zierlichsten Festons von Stockwerk zu Stockwerk herabwarf und aus den zerstörten Fenstern die herrlichsten Teppiche von Epheugrün heraushängte. Die Wirkung davon ist, daß aller Ernst, der sonst an Ruinen haftet, wegfällt und der Eindruck der eines abenteuerlichen, lachend üppigen Phantasiebaues wird. Wie stimmt das tief gesättigte, unverwelkliche Grün zum hellrosigen Sandstein! Immer wieder kehrt das Auge zu den Statuetten. Welches Leben in diesen Figuren der Göttinnen mit stolzer Haltung, offener Brust, welche hochgeschürzt, den gehobenen Fuß mit der Sandale bekleidet, von ihren Piedestalen herab ins Leben springen wollen und von denen man unwillkürlich annimmt, daß sie in der Nacht, wenn gewisse Sterne aufgehen, ihre Standorte verlassen und lebendige Unterredungen pflegen. Welcher Congreß von Göttinnen und Paladinen, Heroen und Edeldamen in der Waldesnacht, auf der thauigen Wiese am Wolfsbrunnen! Wer das Sonntagskind wäre oder die Alraunwurzel gefunden hätte, ihren Reigen zu sehen!

Ja, das ist Ruine der Ruinen, als habe sie Prospero der Zauberer erstehen lassen. Ich habe die Alhambra nicht gesehen, doch daß die deutsche Alhambra ebenso schön ist, vermuthlich noch schöner, das weiß ich. Und ein Gedanke, der unabweisbar dabei, ist der: aus wildestem Frevel, aus Mordbrennerei auf der einen, aus Verrath von der andern Seite hat die Zeit das Liebliche hervorgehen lassen, das Bild lieblichster Zerstörung. Das Heidelberger Schloß ausgebaut und wohlerhalten hätte wie die einzige, ergreifende Schönheit, die die Ruine hat. Reißt den Epheu weg, nehmt die Bäume fort, die in den Trümmern wurzeln, baut Alles neu auf, so habt Ihr einen Frevel begangen. Die gebrochenen Ueberreste sind tausendmal schöner und poetischer, als das vollendete Ganze je sein konnte. Die Poesie ist am tiefsten im gebrochenen Leben.

Endlich reiße ich mich los von dem Schloßhof und sitze im westlichen Erker des großen Altans, vor mir den Palast Friedrich's IV., des Vaters jenes Friedrich, der der Winterkönig war und Elisabeth, die Enkelin der Maria Stuart, zur Gemahlin hatte. Unten liegt die Stadt mit ihren Thürmen, Dächern, Rauchfängen, der grüne Neckar zieht durch die Bogen der Brücke, die mit vogelleichtem Schwung über ihn wegsetzt, er eilt der Ebene zu, den Rhein zu erreichen. Welch ein Bild! Die Sonne sinkt, fern im unendlichen Blau zeigt sich ein Strich von dunklerem Azur: die Vogesen! Ein zarter Umriß weißen Dunstes verräth den Gang des Rheins. Von der untergehenden Sonne beleuchtet, in magisches Goldlicht getaucht gleicht dies Alles mehr einem schönen Traum als der Wirklichkeit.

Durch Friedrich von der Pfalz und seine Gemahlin bilden sich geistige Fäden, die vom veröbeten Holyrood zum veröbeten Heidelberger Schlosse und von da weit hinüber zum Hradschin gehen. Hier, auf der Stätte der Pracht und der Ueppigkeit, wo deutsche Einfachheit und Strenge längst durch französische Sitten verdrängt worden war, wuchs in sorglosem Leichtsinne der junge Fürst auf, den die böhmischen Stände am 26. August 1619 zum König wählten, der aber so ungeeignet war, die Verantwortung und Last einer so bestrittenen Krone zu tragen. Umsonst warnte der bedächtige Schwiegervater das verzärtelte Schooßkind des Glücks; der Schwiegersohn nahm die Warnungen nicht ernst und meinte, wenn nur erst die Sachen in Gang seien, würde Englands Hülfe doch nicht ausbleiben. Sie blieb aus. Das sprichwörtliche Glück des Hauses Oesterreich bewahrheitete sich wieder einmal. Oesterreich, so nahe dem Zerfall, hielt doch zusammen, fester, als die halbe Welt gedacht. Und als nun die Streitkräfte der Liga gegen Prag rückten, da ging in kurzem Kampfe Alles verloren. Der König der Schlittenfahrten und Maskenfeste, der Winterkönig, floh fassungslos und verzagt. Wie anders wäre Alles gekommen, wenn ein kraftvollerer Mann an die Spitze der protestantischen Conföderation gestellt worden wäre! Welcher Böhme steht wohl hier, ohne daran zu denken!

## II.

Und wieder ist's ein heller, leuchtender Morgen.

Auf einem Gange durch die Straßen begegnen mir noch jene ausgeprägten, typischen Studentengestalten, die in der übrigen Welt allmälig zu verschwinden drohen. Auf dem Scheitel das Cerevis, jene barocke Mütze von Größe und Gestalt einer Kaffee=Untertasse, an den Beinen mächtige Kanonen, auf der Schulter den Shawl, schreiten sie noch daher. Der Zauber dieser Tracht liegt in ihrer Unvernünftigkeit. Manches Gesicht sehe ich durch kaum vernarbte „Schmisse" geziert, manchem Jüngling klebt ein langes schwarzes Pflaster über Wange oder Nase, zum Beweis, daß die Zweikämpfe in der „Hirschgasse" — nomen et omen — noch immer andauern. In der letzten Zeit scheint es Mode geworden zu sein, sich von einem möglichst großen Bulldogg begleiten zu lassen. Der Besitz solch einer Bestie, die ihre fünf bis sechs Pfund Fleisch zur Mahlzeit brauchen mag, ist wohl ein Beweis, daß die lieben Aeltern den Sohn mit leiblicher Baarschaft versorgen.

Der Anblick solcher junger Recken führt mich in die Vergangenheit zurück, und lächeln muß ich, gedenke ich der Zeiten, die ich, selbst noch ein halber Student, in Heidelberg verlebt. Es war im Herbst 1847. Ich hatte den „Ziska" begangen, was unter den damaligen Verhält=

ntissen ein höchst sträflicher Act war; ich sollte nach Oesterreich zurückkehren, aber die Sorge vor Fatalitäten, die mich wegen meiner bösen That unausweichlich erwarteten, ließ mich von Woche zu Woche in der schönen Stadt am Neckar verweilen. Zudem hatte ich dort einen Kreis von Freunden und Bekannten gefunden, die mir das Weilen höchst erfreulich, das Gehen sehr schwer machten.

Und so wäre ich denn von Schritt zu Schritt dahin gelangt, dem Leser die kleine Geschichte von meinem Freunde Robber zu erzählen, die sich dazumal ereignete und uns vielfach belustigte.

Unser Freund Robber war, was man ein fideles Haus nennt; er führte aber das unnützeste Leben, das sich nur denken läßt. Seiner Liebe zum Whist verdankte er den Spitznamen, der allmälig völlig an die Stelle seines wahren Namens getreten war; er hieß aber auch bei uns der Cuvier des Bieres, denn er hatte diesen Stoff zum Gegenstande der gründlichsten Studien gemacht. Nicht nur, daß er der feinste Kenner aller Biersorten war, er vermochte nach einem Schlucke zu bestimmen, aus welchem Drittheil des Eimers der Trunk geholt sei.

Jede Eigenschaft, die mit einer Alles bewältigenden Intensivität hervortritt, hat etwas Poetisches, und so konnte man selbst dieser lediglich auf Bier und Karten gerichteten Lebensthätigkeit eine gewisse humori-

stische Anerkennung nicht versagen. Robber jedoch schien
seit langem eine gründliche Unzufriedenheit mit sich
selbst zu empfinden, und eine gelassene Melancholie war
ein Grundzug im Charakter des herzensguten Menschen
geworden. Seine Einfälle waren demnach sämmtlich düsterer Natur, meist auf die Vergänglichkeit alles Irdischen
gerichtet, und dies war die Ursache, daß das Bierglas,
wenn er es in der Hand hielt, regelmäßig die Sanduhr
genannt wurde.

Wenn sich unser Freund Robber, in seiner Neigung
für Bier und Karten verloren, weniger mit Frauenzim-
mern zu schaffen machte, so weilten doch schöne Augen gern
auf seiner hohen, echt männlichen Gestalt, ja eben sein
sprödes germanisches Wesen mochte für Manche von be-
sonderem Reize sein. Eine einzeln reisende Engländerin
hatte sich in ihn verliebt und eine Wohnung der seinigen
gegenüber genommen, wohl nur, um von ihrem Fenster
aus in die seinigen häufiger zu sehen. Sie war weder jung
noch schön, über alles Erdenkbare mager, führte aber einen
höchst empfehlenden Namen, der uns Anlaß zu unzähligen
Witzen gab. Sie hieß Miß Cash, Fräulein Geld, und
wir konnten unserm Freunde, nachdem wir die Gewißheit
erlangt hatten, daß sie den Namen mit Recht trage, nicht
genug empfehlen, das bisher lediglich platonische Verhält-
niß in ein festes Ehebündniß zu verwandeln.

An kältern Tagen merkte man unserm Freunde, wenn er des Abends aus der Kneipe heimkehrte, die Folgen der so beharrlich auf das Glas gerichteten Thätigkeit nicht selten gar sehr an, die Spuren davon waren bis in die nächsten Morgenstunden hinein wahrzunehmen. An wärmern Tagen jedoch war, obwohl erhöhte Temperatur die Organe auszudörren und den Durst zu steigern pflegt, nie ein Zeichen des Rausches an ihm zu bemerken. Dies war einem ganz einfachen Mittel, das er regelmäßig anwandte, zuzuschreiben. Er pflegte nämlich bei jeder Rückkehr aus der Kneipe ein Bad im Neckar zu nehmen, was auf den der Abkühlung und Erfrischung bedürftigen Mann die beste Wirkung äußerte.

Eines Abends hatten wir einen Ausflug nach Neckarsteinach gemacht und unter einem grünen Laubdach Platz genommen. Noch mehr als gewöhnlich war Miß Cash und ihre Liebe der Gegenstand unserer Scherze gewesen, und Robber, der sich dabei einigermaßen erhitzte, hatte noch öfter als gewöhnlich sein Glas geleert — der horror vacui, wie er es nannte, zählte zu seinen ganz besondern Eigenthümlichkeiten. Schon war der Mond hoch am Himmel emporgestiegen, als wir aufbrachen. Robber's Gang fiel uns diesmal als besonders unsicher auf, und aus diesem Grunde schien es nicht recht gerathen, daß er bei Neuenheim, unfern des Platzes, wo die

Nachen zum Uebersetzen bereit liegen, den Weg nach dem Wasser einschlug, dessen Wellen allerdings einladend genug herüberschimmerten. Robber war jedoch in jedem Vorhaben schwer zu hindern, und so ließen wir ihn gehen. Zu Hause angelangt, fiel es uns auf, daß Robber nicht nachgekommen war. Seine Stubencollegen gingen ihm entgegen, kehrten zurück, erwarteten ihn die ganze Nacht, aber auch des Morgens fand sich Robber nicht ein, und so war wohl kein Zweifel mehr, daß ihm ein Unglück zugestoßen und er beim Baden verunglückt sei. Eiligst wurde der Fischer, der unfern des Platzes wohnte, benachrichtigt, ein Student sei ertrunken, er möge hinausfahren und nach der Leiche forschen.

Die Kunde von Robber's plötzlichem Ende war rasch zu Miß Cash gedrungen, die ja, wie wir vorhin erwähnt haben, dem Studenten gegenüber wohnte. Alle Bande sonstiger englischer Zurückhaltung sprengend, brach sie in Thränen und Klagen aus und machte sich auf, uns auf den Schauplatz des Unglücks zu folgen.

Der wackere Fischer von Neuenheim war indeß ungesäumt hinausgefahren, um die vielen Untiefen mit seiner Stange zu sondiren. Da wurde er von einem Studenten angerufen und gefragt, was der Zweck seiner so frühen Fahrt sei. Er antwortete; ein Student sei ertrunken, und nun stieg der Geselle sofort in den Kahn und ergriff eine zweite Stange, um den verunglückten Collegen auffinden zu helfen.

So fuhren denn beide den grünen Neckar hinab, jede Untiefe sondirend und jede vom Weidengebüsch umstrickte Stelle prüfend. Beider Nachforschungen blieben ohne Erfolg. Der Fischer wollte oft schon die vergebliche Arbeit einstellen, immer aber wußte ihm der Student die oder jene Möglichkeit klar zu machen, die ihn zu neuer Anstrengung aufforderte.

Indeß trafen die Freunde mit Miß Cash am Platze ein, aber wer beschreibt ihr Erstaunen, als sie in dem Studenten, der dem Fischer so wacker Beistand leistete, Freund Robber erkannten! Er war in vergangener Nacht gar nicht ins Wasser gekommen, sondern, als er mit der Absicht, sich auszukleiden, niedersetzte, vom Schlaf überfallen worden und hatte die warme Herbstnacht bis zum Morgen in jener Herberge geschlafen, wo man keine Miethe bezahlt und die im Französischen so nett à la belle étoile beschildet ist.

Ein homerisches Gelächter erhob sich, denn solange Menschen leben, wird es noch selten vorgekommen sein, daß Jemand im Schweiße seines Angesichts seinen eigenen Leichnam gesucht. Am glücklichsten von Allen war wohl Miß Cash. Ihr gegenüber, die einen so lebendigen Antheil gezeigt, mußte nun Freund Robber aus seiner reservirten

Stellung herausgehen. Die Folgen davon blieben nicht aus.

An diese alte Geschichte mahnte mich, da ich den „Philosophenweg" hinabwandelte, das Rauschen des Neckars. Runzle nicht zu finster die Stirn über den harmlosen Scherz, ernsthafter Leser!

---

# Brüssel.

## I.

Die Erlebnisse während meiner ersten Stunden in Brüssel hatten eine wunderliche, beinahe phantastische Färbung. Ich erzähle sie einfach und treu, verzweifle aber fast, daß es mir gelingen wird, den theils unheimlichen, theils grotesken Charakter der Situationen anschaulich zu machen.

Ich war mit dem letzten Nachtzuge angekommen, müde gerüttelt, schläfrig, voll Sehnsucht, recht bald in einem schönen, breiten vlämischen Bette meine Glieder auszustrecken. Mit halb zufallenden Augen stehe ich vor den Schranken, innerhalb welcher der Gepäckaufseher den Reisenden ihre Colli ausfolgt, und erwarte fortwährend meinen Koffer erscheinen zu sehen. Er ist nicht da. Ob er in eine andere Richtung dirigirt oder verloren, das wissen die Götter! Ein schlechter Trost, daß mir für jedes Kilogramm sechs Francs Schabenersatz geleistet werden! Ein Schriftsteller ist nie ohne etwelches

Manuscript auf dem Wege, und wenn sich der Koffer nicht wiederfindet, wer schafft mir die Arbeit von Wochen und Monaten wieder?

Nachdem ich im Bureau des réclamations die Anzeige gemacht, gehe ich leidlich getröstet davon. Der Koffer kann sich wiederfinden! In der weiten glasgedeckten Halle ist indessen beinahe schon das letzte Gaslicht verlöscht. Den Nachtsack in der Hand, den Mantel trotz sommerlicher Zeit fest um mich geschlagen, wandere ich hinaus und suche einen Wagen. Es ist keiner zu erspähen. Ich muß vorerst mein eigener Träger sein und zusehen, wie ich mich zurecht finde.

Doch schon ein paar Schritte von der Station erbietet sich ein Individuum in blauer Blouse, mir mein Gepäck abzunehmen. Ich händige es ihm mit Freuden ein. Doch er hat sich kaum in Bewegung gesetzt, als ich sehe, daß er einbeinig ist und der zweite Ausläufer seines Pantalons statt einer lebendigen Extremität nur ein riesiges Stelzbein beherbergt.

Der Mann hat nichts vom seligen Donato. Er humpelt so plump und langsam und schwerfällig, das Holzbein klappert mit widrigem Geräusch auf dem Asphalt des Trottoirs. Mit diesem Träger, denke ich bei mir, weiß ich wirklich nicht, wann ich ans Ziel komme, und doch finde ich das Herz nicht, ihm zu sagen: Ich will

einen andern Träger, ich kann einen Lahmen nicht
brauchen! Die Straße ist öde und der Wind pfeift wie
im October. Ja, ja, denke ich wieder, das hat man davon,
wenn man auch in der Praxis ein Freigeist ist, den be-
währtesten Vorurtheilen trotzt und sich, wie ich, an einem
Freitag auf den Weg gemacht hat. Ein Malheur trifft
uns früher oder später! Man verliert seinen Koffer,
versäumt die Droschken und bekommt einen halbtodten
Führer. Soll uns ein Mensch nicht unheimlich sein,
von welchem ein gutes Viertheil bereits auf irgend einem
Kirchhof begraben liegt?

Um der Qual meines Trägers und meinem eigenen
Aerger ein rasches Ende zu machen, halte ich plötzlich still
und sage: „Ich will in der Nähe des Bahnhofs über-
nachten. Bringen Sie mich ins erste beste Wirthshaus,
denn sonst komme ich heute nicht ins Bett!"

Meinem Mann scheint dieser Entschluß erwünscht.
„Hier sind wir eben vor einem Hotel", sagt er, händigt mir
den Nachtsack ein, empfängt sein Trinkgeld und humpelt
klappernd davon. Ich trete in einen dunklen Hausflur
und tappe in einen großen, spärlich beleuchteten Speise-
saal, wo ich zuerst Niemand sehe. Doch ja — dort
hinten, vor einem Contobuche, den Kopf auf die Hand
gestützt, sitzt noch die Wirthin. Sie fragt mich, was ich
wünsche. „Nichts als ein Zimmer und ein Bett", erwi-

dere ich, und schon führt sie mich eine Treppe hoch, zündet zwei Lichter vor dem Spiegel über dem Kamin an, wünscht gute Nacht und geht.

Es war ein hohes, kahles Zimmer, in welchem ich mich befand. Die Fenster mit den großen Scheiben, durch gestickte Musselinvorhänge geschlossen, gingen, wie ich flüchtig sah, auf den Hof. Ein breites Bett, von langen weißen Vorhängen friedlich beschattet, stand vor mir. „Endlich Ruhe!" denke ich mir, doch neu erwachte Sorge um den Koffer lähmt mich, daß ich mich auf ein Fauteuil niederwerfe und mir Alles aufzähle, was ich möglicherweise verliere. Endlich stehe ich auf und trete näher. Seltsam, auf den schneeweißen Vorhängen sitzen ganze Gruppen großer, schwarzer, hypertrophischer Fliegen beisammen. Ich will sie wegjagen, sie fallen immer wieder, gruppenweise geschaart, nieder. Was hat, frage ich mich, diese Fliegen so dick und so lethargisch gemacht? Was sitzen sie auf diesem Linnen beisammen, als ob es mit Zucker bestreut wäre? Sind sie faul oder halbtodt, so corpulent oder so aufgebläht? Ich weiß nicht, warum mir diese großen Fliegen so unheimlich waren, daß ich sie immer wieder betrachten mußte.

Da schlägt es zwei von einem benachbarten Thurm und ich will wirklich ins Bett. Ich ziehe die Decke weg und fahre zurück, denn ich traue kaum meinen Augen —

auch ein penetranter Geruch fährt mir in die Nase. So groß ist mein Entsetzen, daß ich ohne weiteres an der Klingel ziehe, daß mir das Ende der Schnur in der Hand bleibt.

„Freitag!" sage ich, indem ich sie wegwerfe.

Alles scheint im Hotel fest zu schlafen, dennoch war mein Läuten nicht vergeblich, ich höre schlürfende Schritte allmälig näher kommen, es ist die Wirthin, welche erscheint. „Können Sie mir das erklären?" frage ich, indem ich einem halb zornigen, halb elegischen Blick auf das Bett werfe.

Die Wirthin tritt näher, betrachtet die Spuren, wirft den Kopf zurück, schlägt die Hände zusammen und ruft: „Das ist er! Immer wieder er!"

„Wer?" frage ich.

„Ach mein Gott, der Kater!"

„Der Kater? Welcher Kater?"

„Nicht sowohl ein Kater, Monsieur, als vielmehr der incarnirte Teufel! Immer wieder von Zeit zu Zeit spielt er uns den Streich! Bleibt ein Fenster nur einen Augenblick offen, gleich ist er da, und sieht er ein Bett frisch überzogen, kriecht er hinein, versteckt sich und läßt ein unwürdiges Andenken zurück. Verstehen Sie jetzt?"

„Allerdings. Aber warum behalten Sie so einen Kater im Hause?"

„Wir ihn behalten! Heilige Gudula! Einen Kater, der sich das Wort gegeben hat, unser Haus zu discreditiren, die Fremden zu vertreiben! Aber mein Herr! Seit einem halben Jahr sind wir hinter ihm her, Alle im Hause haben ihm den Tod geschworen — er entkommt uns jedesmal. Selbst Gift schadet ihm nicht. Doch was rede ich so lange — er ist hier — verlassen Sie sich darauf."

Und schon eilt sie hinaus, läutet draußen, kehrt aber eiligst zurück.

„Er sollte hier sein, Madame?" frage ich. „Aber ich sehe ja nichts und das Zimmer ist fast ohne Möbel. Wo könnte er stecken?"

„O Sie werden schon sehen, wo, Monsieur! Auf seinem Lieblingsplatze! Aber diesmal soll er uns nicht entkommen! Seine letzte Stunde hat geschlagen."

Das wiederholte Läuten hat das Hotel in Aufruhr gebracht. Mägde und Kellner nahen. „Matthieu, Nicolas, Baptiste — der Kater ist wieder da! Der Kater!"

Diese Nachricht ruft im Kreise der Hausgenossen eine gewaltige Aufregung hervor. Nicht blos Matthieu, Nicolas und Baptiste erscheinen auf meinem Zimmer, auch Madeleine, Christine und Jeanette treten, zum Theil in höchst mangelhafter Nachttoilette, ein, und ich kann bei dieser Gelegenheit die Ueberzeugung gewinnen, daß der Typus weiblicher Formen, wie sie Rubens gemalt, auf vlämischem Boden noch immer nicht ausgestorben ist. Alle haben sich inzwischen theils mit Kehrbesen, theils mit Stöcken bewaffnet. „Il y est! Nous le tenons!" heißt es, und: „Dec ist daer! Der verdoemd Duiwel zoll ons niet ontkommen!" tönt es vlämisch dazwischen. Sie scheinen Alle zu wissen, wo der Feind sich befindet, nur ich schaue wie ein Narr drein und kann nicht begreifen, wo im Zimmer ein Kater stecken soll.

Doch schon haben die Jäger einen Kreis geschlossen. Ist der Feind wirklich hier versteckt, so kann er nicht entkommen. Das breite Bett, das auf ausgehöhlten Holzleisten steht, wird durch kräftige Arme rasch in die Mitte der Stube geschoben, und Nicolas, offenbar der Muthigste der Schaar, fängt an es abzudecken. Kissen, Roßhaarpolster und Matratze fliegen herunter, eine schwere Seegrasdecke wird emporgehoben — beim Himmel! mitten zwischen den Spiralfedern sitzt das Unthier, kohlschwarz, über sonstige Katergröße — es springt auf, ich sehe nur noch zwei grüne Augen funkeln, höre ein lautes Gegröhle, Kehrbesen und Knüppel fallen Streich auf Streich, da saust etwas Schwarzes dicht an meinem Kopfe vorbei, das Fenster klirrt wie von einem Schuß, ein Schrei tönt von Aller Lippen — ein rundes Loch, in die Scheibe wie mitten hinein gezeichnet, sagt uns, wo der Kater hinaus ist.

„Aber der kann doch nicht mehr lebendig sein, wenn er durchs Fenster in den Hof hinabgesprungen ist?" ist mein erstes Wort an die Wirthin.

„Er ist auf und davon!" ist die Antwort. „Unten springt ein flaches Dach vor. Das ist ja das Unglück!"

So hat die Hölle denn abermals gesiegt. Im Zimmer mit dem durchlöcherten Fenster kann ich natürlich nicht schlafen, eine andere Stube wird geöffnet, ich ziehe um und die Leute entfernen sich. Endlich glaube ich ruhig zu Bett gehen zu können. Da weckt ein dumpfes Pochen an der Scheibe meine Aufmerksamkeit, ich kehre mich um — wirst Du mir's glauben, lieber Leser? Der Kater ist wieder da, sitzt draußen, blickt herein, kohlschwarz, mit leuchtenden Augen und struppigem Schnurrbart. Auf welchem architektonischen Vorsprung er herangekrochen, weiß der Himmel. Er ist verletzt durch den Sprung, scheint aus einer Pfote, die er von Zeit zu Zeit emporhebt, zu bluten, was ihm ein noch unheimlicheres Aussehen gibt, aber der Trotz seiner Seele scheint ungebrochen!

Und nun erkläre mir irgend ein Beobachter der Thierseele dieses Geschöpf! Ein Viertel ums andere schlug die Thurmglocke, draußen saß der Kater unbeweglich und sah mir zu, wie ich im Bette lag! Wer sagt uns etwas über den Willen der Thiere? War es Triumph der

Schadenfreude, daß seine Augen so blitzten, oder war sein düsterer Ernst der Ausdruck starren, unbeugsamen Rechtsgefühls, da er offenbar der Ansicht war, daß mein Bett das seinige sei? Doch nein, das stimmte ja nicht zu dem frivolen und unziemlichen Scherze, den er im Hotel zu treiben gewohnt war. Ich kann ihn nicht sowohl für einen frechen Eulenspiegel als vielmehr für den satanischen Verfolger des Hauses halten.

Und nun wußte ich auch, wie es sich mit den Fliegen verhielt, die mir vor einer Stunde so aufgefallen. Sie waren so feist geworden, weil die Fenster des Katers wegen nie geöffnet werden durften. Auch die Verkettung aller Ereignisse dieser Nacht wurde mir klar.

Durch das Abhandenkommen des Koffers war ich zu dem stelzfüßigen Träger gekommen, durch den stelzfüßigen Träger in dies Hotel. Doch ich mußte mich noch freuen, rechtzeitig gewarnt worden zu sein — ich hätte ja in meinem Bette einen seltsamen und unheimlichen Kameraden gehabt.

Als ich nach einem kurzen Schlaf erwachte, war der Kater fort. Ich zog mich eilig an und ging auf den Bahnhof. Der Koffer war da — zu meiner großen Freude! Mein alter treuer Reisegefährte im grauen Leinwandüberwurf hatte lediglich einen kleinen unfreiwilligen Abstecher nach Antwerpen gemacht und war mit dem ersten Zuge zurückgelangt.

Als ich mit dem Nachtsack in der Hand wieder in die Schenkstube trat, sagte die Wirthin: „Ich verstehe, Monsieur. Sie wollen nicht bei uns bleiben. Sie machen es, wie es viele andere Reisende gemacht. Ich kann es Ihnen nicht verdenken. Ein Haus, das, wie das unserige, von einem bösen Feind verfolgt ist, verscheucht die Gäste. Aber geben Sie uns einen Rath, Monsieur, was wir mit diesem Thier, das, wie Sie ja selbst sehen, kein Thier, sondern le diable incarné, der leibhaftige, katergewordene Teufel ist, anfangen sollen. Wenn ich Ihnen wiederhole, daß das Thier uns noch ruiniren wird, wenn ich Ihnen sage, daß wir ihm Tag und Nacht auflauern und daß weder Strychnin noch Arsenik bei ihm verfängt! O daß", fügte sie im wachgerufenen Wittwenschmerz hinzu, „mein Gatte noch lebte — vielleicht —" Sie brach ab. „Madame", erwiderte ich, bessern Humors geworden, seitdem ich meinen Koffer wieder hatte, „wie wäre es, wenn Sie es mit dem Exorcismus probirten? In einem so frommen Lande wie Belgien gibt es gewiß noch Männer, die dem Teufel gegenüber die in der übrigen Welt verloren gegangene Kraft des Bannes besitzen."

„O Monsieur, das wird noch weniger helfen als

Prügel oder Gift", entgegnete die Wittwe mit einem wehmüthigen Lächeln, in welchem sich die ganze beklagenswerthe Glaubenslosigkeit des Jahrhunderts aussprach.

Indeß war die Droschke herbeigekommen, Baptiste und Nicolas standen am Wagenschlag und ich verließ das Wirthshaus an der Station du Nord mit der Genugthuung, einen Dämon kennen gelernt zu haben, wie ihn nur Edgar Poe und Amadeus Hoffmann beschrieben. Aber erst außerhalb des Bereichs dieses Unholds wurde mir leicht ums Herz. Ich kann das Hotel de Brabant, wo ich nun einzog, Jedermann aufs wärmste empfehlen.

## II.

Es ist ein herrlicher Punkt in Brüssel jener Platz, wo sich die koloffale Congreßsäule erhebt. Man hat den Blick über einen feierlich prächtigen, in architektonischem Stil gedachten Garten, eine weite Straße und die große unten gelagerte Stadt in weiter Ausdehnung. Oben erhebt sich das Standbild König Leopold's, unten aber, um den Sockel herum, sitzen vier Figuren in Erzguß. Sie stellen die Freiheit der Presse, des Unterrichts, der Affociation und des Cultus vor, und diese sind in der That die genii loci, die Laren, die Landes- und Hausgöttinnen Belgiens, welche das Reich zu dem gemacht haben, was es heute ist. Hörte die Herrschaft dieser vier Genien auf, welche mit ihren schönen und ruhigen Gesichtern vom Fuß der Congreßsäule nach den vier Weltgegenden blicken, so hätte das Land selbst sein Recht auf Existenz verwirkt.

Belgien selbst ist das Produkt moderner Culturresultate. Alle Forderungen des Liberalismus, volle Freiheit der Schrift und der Versammlung, Trennung der Justiz von der Administration, Jury u. s. w., sind hier realisirt beisammen. Trotz der dichtesten Bevölkerung, die auf dem Continent zu finden, herrscht hier, annähernd wie in der Schweiz, Wohlhabenheit bis in die untersten Klassen hinab. Der Aufschwung der Industrie ist unbeschreiblich. Kurz, es ist ein Musterstaat, in welchem der Beweis geliefert wurde, daß die Monarchie mit der Freiheit vereinbar sei.

Dennoch liegt eine bedenkliche Anomalie darin, daß ein Land, in welchem das Gesetz jede Freiheit der Schrift, der Lehre und der Vereinigung gewährleistet, so tief katholisch und der Priesterpartei in so großem Maße unterthan ist. Freie Institutionen neben so vielen Jesuiten, das scheint unverträglich, und wahrlich, jene um die Congreßsäule sitzenden Cardinalgenien nehmen sich neben so vielen vorübergehenden schwarzen Gewändern und Schaufelhüten seltsam aus. Auf 950 Seelen kommt hier bereits ein Weltgeistlicher, und wer zählt erst die Mitglieder aller Orden! Die freiwilligen Schenkungen an die Kirche betragen alljährlich fast eine Million Francs. Dennoch geht Alles ruhig seinen Weg. Die Partei der Antiklerikalen will den Kampf einzig und allein auf geistigem Gebiet ausgekämpft wissen und gönnt der Gegenpartei vorerst Alles, was sie durch eingewurzelte Gewohnheit der Massen und alterebten Reichthum voraus hat. Es ist ein Schauspiel, das man inzwischen nur mit Verwunderung ansehen kann, wenn man auch über dessen schließlichen Ausgang nicht im Zweifel bleibt.

Nach dieser Richtung hin interessirt mich die Gegenwart, doch ich kann bei alledem die Vergangenheit nicht aus dem Sinne bringen. In den Knabenjahren, wo sich alle Eindrücke so tief einprägen, las ich Schiller's „Abfall der Niederlande", und das läßt sich nicht verwischen; ich denke fortwährend in dieser Stadt an Philipp II., an Alba, an den Cardinal Granvella, an Margarethe von Parma, an Hoorn und Egmont, Philipp van Marnix und den schweigsamen Wilhelm von Oranien.

Mein erster Gang ist auf den Marktplatz, der, so oft man ihn auch gesehen, immer aufs neue entzückt. Das Hotel de Ville ist wieder einmal — wie fast immer — wegen Reparaturen zur Hälfte verdeckt, dennoch kann sich das Auge an diesem Wunder altbrabantischer Pracht weiden. Dem Rathhause gegenüber, vor der Treppe der halb gothisch, halb im Renaissancestil gehaltenen Halle au pain, an der Stelle, wo Egmont und Hoorn enthauptet wurden, erhebt sich jetzt ein auf Stadtkosten errichtetes Doppelstandbild der Beiden in Erzguß. Auf dem Sockel desselben liest man neben der französischen Inschrift auch die vlämische:

„Den Graven van Egmont en van Hoorn onrecht=
vardig verordelt by hertogen van Alba en te dezen Plaz onthaupted den 5. Juni 1568."

Auch dem Manneken machte ich meine Aufwartung. Ich sah den Kleinen das letzte Mal bekleidet, im tressen= besetzten Rocke — denn er besitzt Revenuen und einen eigenen Kammerdiener, der ihn zu gewissen Festtagen ankleiden muß — jetzt aber war er wieder nackt, wie ihn der alte Bildner geschaffen, und benahm sich, trotz aller wasserholenden Mägde, die unter ihm ihre Kübel füllten, mit gewohnter Unbefangenheit.

So führt mich liebgewordene Erinnerung von Stelle zu Stelle, im Ganzen aber kann ich die Wahrnehmung nicht unterdrücken, und ich überzeuge mich davon auf jedem Schritte, daß sich Brüssel immer mehr verfranzö= sirt. Fünfzehn Jahre, das scheint eine geringe Zeit in der Geschichte eines Volkes, und doch, wie hat sich Alles seitdem umgestaltet! Damals hatte die untere

Stadt noch ein von dem der obern Stadt ganz ver=
schiedenes Gepräge. War die obere luftig, elegant,
halb eine Imitation von Paris, halb eine Imitation
Londons um Hydepark herum, so war die untere
Stadt düster, alterthümlich, winklig, aber charaktervoll.
Jetzt hat sich die ville basse gelichtet, modernifirt und
ist kaum mehr, was das Aussehen anbelangt, von der
obern unterschieden. Neue Architektur, großartig, aber
durchweg vom flachen, charakterlosen Neu = Pariser
Stil, erdrückt die Denkmäler der großen Vergan=
genheit. Wie ein fremdes Produkt grüßt über-
raschend hier ein alter Brunnen mit Bronzegestalten,
dort ein alter gothischer Bogen aus der Mitte moderner
nichtssagender Bauwerke und ruft: Seht, ich bin noch
übrig! Ueber den Thüren, über den Läden, nirgends
mehr, wie sonst, vlämische Inschriften! Kurz, ganze
Stadttheile könnten ebenso gut in Paris stehen, und es
ist damit wie mit dem größten Theil der belgisch=franzö=
sischen Journale, von der „Indepenbance" angefangen,
bei welchen man sich auch erst durch die Angabe des
Druckortes vergewissert, daß sie nicht in Paris, sondern
in Brüssel erscheinen, so sehr ist Geist, Form, Stoff und
Stil derselbe. Kurz, Brüssel wird von Jahr zu Jahr
mehr französisch in Aussehen, Charakter und Sprache.
Was würde wohl Egmont sagen, wenn er wieder

erwachte? Wie er auch suchte, ein Clärchen fände er nimmer. Denn wer kann sich wohl ein französisch sprechendes Clärchen vorstellen?

Meine weitern Gänge galten dem Museum und den beiden großen Bildern von Gallait und Biefve im Justizpalaste. Hier, in den zwei ungeheuern Bildern, der Abdankung Karl's V. und dem Compromiß der niederländischen Edelleute 1565, finde ich alle Gestalten der Vorzeit wieder, die in dieser Stadt meine Phantasie beschäftigen. Ich sehe auf Gallait's Bild den regierungsmüden Karl, seinen abstoßenden, rothhaarigen Sohn, den unheimlichen Schleicher des Escurial, der nur warm wird am Brand der Scheiterhaufen, dessen halbgespenstige Schwester Marie von Ungarn; ich sehe den edlen Wilhelm von Oranien, den selbstbewußten, energischen Aristokraten, geschaffen, eine ganze Nation um sich zu sammeln, zum Riesenkampf zu bewaffnen und zu meistern, und ich habe dabei die Gewißheit, daß sie nicht "stilisirt" oder "idealisirt" oder "aus der Tiefe der Gemüther construirt" sind, sondern vor mir stehen, wie sie wirklich waren. Welche Wahrheit, welche Größe, welches Maß!

Während ich im Anblick von Gallait's Bild versinke, war mein Freund Schlemilsky, der Maler, die Beine übereinander geschlagen, mit finster abgewandtem Gesicht auf einer entfernt stehenden Bank sitzen geblieben und kaute an seinen Nägeln. Man sieht nicht gern den mächtigen, unsterblichen, in Gold eingerahmten Werken der Glücklichen ins Gesicht, wenn man selbst ein Maler ist, der sich einst in seiner Jugend große Dinge zutraute, aber immer nur den Unstern über sich hatte und die Verkennung auf seinem Wege fand.

„Endlich müssen Sie sich doch satt gesehen haben", sagt er aufstehend, aber noch immer dem Bilde den Rücken kehrend. „Wollen Sie denn Michel Berendt nicht besuchen?"

„Allerdings will ich das!"

„Nun, dann haben wir Eile. Berendt wohnt weit von hier in der Vorstadt. Gegen ein Uhr muß er in der Senatssitzung sein und ist dann den ganzen Tag nicht mehr zu treffen. Sehen Sie einmal auf Ihre Uhr — ich wette, daß es gleich zwölf ist."

„Es fehlen fünf Minuten."

„So? Fünf Minuten? Es ist wirklich merkwürdig, wie sich der Zeitsinn ausbildet, wenn der Mensch keine Uhr mehr hat! Man wird allmälig und ohne daß man Rechenschaft darüber geben könnte, was dabei innerlich vorgeht, zum lebendigen Chronometer. Zuerst lernt man sich nach den Thurmglocken richten, die zur Messe läuten, nach den Schulkindern, die vorübereilen, nach der Länge des Schattens, den man wirft — das sind so kleine

Behelfe — zuletzt gibt man die Zeit aus sich selbst heraus an. Solcher Vervollkommnung ist die menschliche Maschine fähig!"

Wir sind aus dem Palais de Justice getreten und nähern uns der Place royale.

„Traurig", sage ich, „daß es einem Mann von Ihrem Talent so schlecht gehen muß! Wenn Sie ein bischen fleißiger sein wollten —"

„Fleißiger! Das ist leicht gesagt. Auf einem Brete im stürmischen Meer, von schnappenden Haifischen belagert, sitzen und dabei Gemälde malen, das gelingt vielleicht einem genialen Tritonen, aber keinem Erdenkinde. Man braucht ein Atelier, Modelle, Farben, Gemüthsruhe, Heiterkeit der Seele. Ich stehe da wie der Eckensteher auf dem Platze und sage zum Vorübergehenden: Beschäftige mich! Niemand nimmt mich in Dienst. Sehen Sie dort den alten Herrn mit dem blassen Gesicht, einem englischen Gentleman ähnlich, der sich auf den Arm seines Begleiters stützt? Er wird gleich in jene schöne Equipage, die an der Ecke wartet, steigen. Es ist König Leopold. Wenn ich zu ihm hinträte und sagte: «Sire, Sie haben hundert und sieben Millionen Privatvermögen. Ich bin Maler, beschäftigen Sie mich. Was, wollen Sie, daß ich Ihnen malen soll? Den Sonnengott Phöbus und die Schlange Python, Alexander und Campasme, Roland in der Schlacht von Roncesvalles — bestimmen Sie gütigst nach Belieben — nur zahlen Sie zuerst meine Schulden, geben Sie mir ein geheiztes Atelier und zehntausend Francs Draufgeld» — was wird er thun? Er lacht mich aus. Wenn ein König so handelt, der erleuchtetste Kopf unter den Monarchen, was kann ich da von Krautjunkern oder Spießbürgern erwarten?"

Während wir den Boulevard hinabgehen, bereitet mich Schlemilsky auf die Persönlichkeit vor, die ich kennen lernen soll. „Michel Berendt", sagt er, „lebt schon lange in Brüssel und ist ein Mensch, in welchem sich die tüchtigsten Eigenschaften des Deutschen mit den liebenswürdigsten des Franzosen gekreuzt und gemischt haben. Ich zweifle, daß er viel von meinem Talent als Maler hält, aber das hindert mich nicht, seine Gedichte reizend zu finden. Er ist geistreich und fein und hat das beste Herz. Wie oft", fügt er, die Stirn runzelnd, hinzu, „hat er mir in meinen endlosen Bedrängnissen geholfen! Wenn sich wieder einmal der Verkauf eines meiner Bilder nahe am Abschluß zerschlug, oder mir von einer Kunstausstellung die Dinger wieder heimkamen, das heißt mir wieder Geld kosteten, statt mir Geld einzubringen, da habe ich mich nie vergeblich an ihn gewendet. Ich mache mir oft Vorwürfe, daß ich ihm noch immer nicht Alles bei Heller und Pfennig zurückgezahlt. Aber wie sollte ich das anfangen?

Das Höchste, wozu ich es bringe, ist, daß ich, auch wenn er mir es selbst anbietet, nichts mehr von ihm annehme. Den Schwur habe ich mir abgenommen und den halte ich auch!"

Inzwischen sind wir vor einem kleinen Hause angelangt, Schlemilsky zieht die Klingel und wir werden eingelassen. Auf die Frage, ob Monsieur Berendt zu Hause, gibt die Dienerin eine unbestimmte Auskunft, weist uns aber in einen Salon, wo ein Tisch zum Dejeuner gedeckt ist und die Dame des Hauses, eine allerliebste Französin, die ihr Haar in einem schillernden Goldnetz trägt, uns nicht eben unfreundlich empfängt, doch auch nicht so, daß nicht eine gewisse Verlegenheit in ihren Zügen zu lesen wäre. Auch sie weiß nicht bestimmt, ob Monsieur zu Hause.

„Melden Sie", wendet sich der Maler zur Dienerin, „Herrn Schlemilsky mit einem Herrn aus Deutschland. Er soll selbst errathen, wen ich ihm da mitgebracht", fügt er hinzu.

Die Meldung ist geschehen, aber das Erscheinen des Hausherrn verzögert sich noch immer. Endlich erscheint ein schwarzhaariger Kopf an der angelehnten Thür, Berendt tritt ein. Ich sehe bald, daß Schlemilsky mit seiner vortheilhaften Schilderung nur die einfache Wahrheit gesagt.

Währenb und nach dem Dejeuner, das sich lange hingezogen hat, wird von tausend Dingen geplaudert. Der Napoleonismus, Bismarck und der deutsche Bundestag passiren die Revue. Während Schlemilsky in das Nebenzimmer tritt, um ein paar neue Bilder anzusehen, kommt die Rede auf den Maler. „Ein wunderlicher und ein unglücklicher Mensch!" sagt Berendt. „Eines Urtheils über ihn als Künstler muß ich mich enthalten. Er meint, man könne ihn nur beurtheilen, wenn er etwas Großes schafft, und dieses Große zu schaffen, dazu kommt er nie. Uebrigens ein Sieb der Danaiden! Gebt ihm heute eine halbe Million; gewiß ist, daß er im nächsten Jahre wieder nichts hat. Das ist der Panurge des Rabelais, der fünfzehntausend Mittel und Wege hatte, Geld zu gewinnen, und dreißigtausend Mittel und Wege, es in die Luft zu blasen."

„Gestehen Sie", sage ich, „daß unser Erscheinen bei Ihnen zuerst eine unangenehme Sensation erregte."

Berendt bricht in ein Lachen aus, endlich sagt er: „Sie meinen, ich sei lange nicht zum Vorschein gekommen? Ich will Ihnen sagen, wie es sich damit verhielt. Doch zuerst muß ich Ihnen eine alte jüdische Anekdote erzählen! Sie wissen vielleicht, daß es unter uns Juden eigenthümliche Figuren gibt, die sogenannten Schnorrer, rabbinische Gelehrte, denen es so schlecht geht, daß sie stets die Hülfe der wohlhabendern Glaubensgenossen in Anspruch nehmen müssen. Zu einem dieser Schnorrer sagte einst Aaron Hirsch, er könne jeden Samstag bei ihm freien Tisch haben. Der Samstag kam, der Schnorrer nicht minder, hatte aber noch einen zweiten bei sich. «Wie heißt?» fährt Aaron den Mann an. «Wenn ich Ihnen gesagt habe, Sie können kommen zu mir, habe ich nicht gemeint, sie können mitbringen noch einen. Was bringen Sie mir da für einen Mann?» Der Schnorrer senkt den Kopf und erwidert mild lächelnd: «Herr Aaron Hirsch, dieser Mann, der da vor Ihnen steht, dieser Mann, den ich Ihnen mitgebracht habe, dieser Mann — der eßt am Schabbes bei mir!»"

Ich lachte; Berendt fuhr fort:

„Wenn Schlemilsky bei mir erscheint, so komme ich selten leichten Kaufs davon. Dessenungeachtet sehe ich ihn gern, wenn es nur nicht gar zu oft ist. Aber ich mußte nothwendigerweise einen gelinden Schrecken empfinden, als ich vernahm, er rücke heute mit Verstärkung heran. Ich meinte, er bringe den andern Mann mit, welcher «eßt am Schabbes bei ihm». Sie nannten Ihren Namen nicht; konnte ich wissen, welcher Besuch mir bevorstand?"

Es war indeß hohe Zeit geworden, in die Senatssitzung zu gehen. Auch Schlemilsky schützt einen dringend nöthigen Gang vor, doch ehe er geht, spricht er noch einige Worte insgeheim mit dem Hausherrn. Gleich darauf sehe ich diesen in die Tasche greifen.

„Sie haben wieder bluten müssen, und das ist eigentlich meine Schuld", sage ich, während Schlemilsky über die Straße davongeht.

„Das ist nun einmal nicht anders! Schlemilsky ist der Mann, der vom Freunde verlangt, daß er sich die Freundschaft etwas kosten lasse", sagt Berendt lächelnd. „Doch — da sehen Sie nur", ruft er aufs höchste erheitert und zeigt auf den Maler, der eben im Begriff steht, in einen Fiaker zu steigen, „ich habe ihm fünf Franken geben müssen, damit er zu Mittag essen könne. Da gibt er schon drei davon aus, um nach Hause zu fahren! Und wir — wir gehen zu Fuße!"

Kurz darauf saßen wir in der Journalistenloge des Senatssaals. Man votirte eben das Fremdengesetz, dies Gesetz, welches das ganze Land aufregte und der Gegenstand vieler lärmenden Meetings geworden war. Die Opposition machte geltend, daß die Fremden, wenn sie sich einer Gesetzesübertretung schuldig machten, vor ein belgisches Gericht und vor die Jury kommen, nicht aber in ihrem Aufenthalt von der discretionären Gewalt des Polizeiministers abhängig sein sollten. Die ministerielle Partei meinte, daß die regelmäßigen Gesetze für die Bürger des Staates gelten, der Polizeiminister aber eine Waffe in der Hand haben müßte gegen leidige Störer, welche sich für den Schutz, den ihnen die freie Regierung im Lande gewährt, damit bedanken, daß sie sie in eine schiefe und gefährdete Stellung zu befreundeten Regierungen bringen.

„Sehen Sie", sagt mein Nachbar, der für die Opposition aufs heftigste Partei nimmt, „dieser Senator, der so eben für das Gesetz gesprochen, heißt Bischofheim und stammt von ägyptischen Flüchtlingen. In dem Buche, welches er als göttlichen Ursprungs zu verehren hat, heißt es: «Du sollst den Frembling wie dich selbst lieben, denn du warst selbst ein Frembling in Aegypten.» Das hindert ihn nicht, für das Gesetz, das die Ausweisung in sich schließt und dem Pharao an der Seine schmeicheln soll, mitzustimmen. Eine noch merkwürdigere Anomalie findet aber bei den Ministern statt. Eine der Ursachen, warum vor sechs Jahren das sogenannte katholische Ministerium gestürzt wurde, war eben dieses Frembengesetz, durch welches es sich zu abhängig von Frankreich gezeigt haben sollte. Charras war ausgewiesen worden und Victor Hugo hatte darauf freiwillig Belgien verlassen. Wer aber machte damals dem katholischen Ministerium die herbsten Vorwürfe? Jene, welche heute dasselbe Gesetz vorlegen."

„Ich habe", erwidere ich, „über diese Angelegenheit eine andere Meinung. Die Demokratie, welche nicht an der Macht ist, fordert ganz wunderbare Dinge, Dinge, welche sie selbst, sobald sie an der Macht wäre, nimmermehr gestatten könnte. Theoretisch hat Belgien ebenso viel Recht, Flüchtlingen ein Asyl zu gewähren, wie England oder Nordamerika, aber die thatsächlichen Verhältnisse haben auch ihr Recht. Daß man Rücksichten nehmen muß und nicht frisch darauf los Principien reiten darf, vollends wenn man schwach und von mächtigen Nachbarn abhängig ist, das ist auch eine ausgemachte Sache. So ist die Unabhängigkeit eines Landes nicht gemeint, daß man von da aus Petarden ins Haus des Nachbars werfen darf. Die ganze Geschichte handelt sich doch nur um Monsieur Rogeard. Aus Frankreich ist er hinausgejagt, wie der Kater, den ich heute Nacht in meinem Zimmer hatte; nun sitzt er draußen auf dem Fenstersims, blickt durch die Scheiben herein, rollt die Augen und macht einen infernalischen Spectakel. Ich habe, wenn ich Louis Napoleon bin, vielleicht kein Recht, ihn draußen zu behelligen, aber wenn er mich genirt und ich stark genug bin, thue ich es doch. Wer die Macht besitzt, einen ihm fatalen Lärm zu verbieten, der verbietet ihn. Wie hier auf der Ausweisung der Flüchtlinge bestanden wird, so haben sich die an Frankreich grenzenden Schweizercantone bemüßigt gefunden, diverse der gegen den Kaiser der Franzosen gerichteten schmuzigen Libelle zu verbieten. Besteht die Preßfreiheit deswegen dort nicht mehr? Nein! Säße ein frisch etablirtes republikanisches Régime in Paris, so würde es ebenso wenig vor seiner Thür die endlosen Aufrufe eines Legitimistenchefs dulden können. Ich stimme mit dem Ministerium!"

Die Sitzung dauerte lange. Um so mehr schmeckte mir, nachdem ich ihr endlich Lebewohl gesagt, mein Diner im nicht genug zu empfehlenden Cafe Riche. Fünf bis sechs Speisen, darunter köstlicher Seefisch, Truthahn zum Braten, Hummersalat, wallnußgroße Himbeeren dazu, eine ganze Flasche besten St.-Emilien — Alles für fünf Franken — das scheint kaum möglich! Solchen Erfahrungen gegenüber kommt der Oesterreicher erst zur Erkenntniß, was für ein theueres Vaterland er hat; mit verwundertem Kopfschütteln steckt er die Rechnung zu sich, um mit derselben daheim ungläubige Gemüther zu überführen.

Die Sonne sinkt, die Menge drängt zum Theater der Place St.-Hubert. Soll ich mich an der Depravation der Bühne weiden und mir die „Belle Hélène" von Offenbach ansehen? Ich habe sie, diese sich immer steigernde Depravirung des Theaters, schon vor langen Jahren geweissagt; eine gewisse Schadenfreude wäre mir in diesem

Punkte zu verzeihen. Doch ich habe auch eine angewohnte Ehrfurcht vor der Würde der Bühne; die Stätte meiner Jugendträume entweiht, herabgewürdigt, begrabirt zu sehen, erweckt in mir das peinlichste Gefühl. Ich ehre ja noch das Theater, wären es auch nur die Mauern, als wenn ich noch immer ein Dramatiker wäre. Drum vorbei!

Besser, man spaziert im herrlichen Park, wo die sinkende Sonne ihr Gold durch die dichten Baumgruppen fallen läßt, wo herrliche Blumenbeete im grünen Rasen glänzen, Vasen und Bildsäulen, Diana und Narziß aus ihren Laubnischen hervorsehen, die Militärmusik spielt und die ganze schöne Welt von Brüssel promenirt. Eben sind die Klänge der Ouverture zur „Stummen von Portici" verrauscht und viele Hände applaudiren. An diese Ouvertüre knüpft sich hier, wenn ich nicht irre, eine historische Erinnerung. Sie war das Signal der Revolution von 1830.

Ja, dieser Park, eine Schöpfung Maria Theresia's, ist schön. Und ich sollte darin, seltsam genug, wiederholt an Oesterreich gemahnt werden. Jener bescheiden aussehende Herr, der dort mit seinen Kindern wandelt, ist Moritz Perczel; dieser freundliche Greis mit dem Antlitz, das sogleich Verehrung einflößt, der Septemvir Ludwigh. Es sind fast die letzten Reste der ungarischen Emigration in Brüssel.

Abends führt mich ein Landsmann in den Cercle artistique et littéraire, wo Fremde ohne besondere Schwierigkeit eingeführt werden. Hier, in einer Reihe schöner mit einander communicirender Säle, wo man Zeitungen vollauf findet und bequeme Fauteuils zum Sitzen einladen, trifft sich, was in Brüssel einen Namen iu Kunst und Literatur hat, ungezwungen beisammen. Das Ganze erinnert an ein englisches Clubhaus. Man befindet sich dabei auf historischem Boden. Auf den Balkon dieses Hauses mußten Egmont und Hoorn treten, um sich vor ihrer Hinrichtung dem Volke zu zeigen.

Vom Cercle artistique gehe ich hinüber zum Estaminet des Roi de Bavière. Im Brüsseler Wirthshaus lebt ja noch etwas von unfranzösirter Art fort, und das thut einem biedern Deutschen wohl. Im Gegensatz zur französischen Sitte, welche nur Garçons kennt, bedient hier eine Kellnerin, welche noch dazu ein deutsches Kind ist. Der Trank, den sie bringt, ist gut. Ich glaube schon, ihn in Ruhe schlürfen zu können, da führt das Unglück einen französischen Poeten zu mir. Er erzählt mir, daß er auf einer Reise durch die flandrischen Städte begriffen gewesen und die Ueberzeugung gewonnen habe, daß keine Form der Baukunst schöner als die der Jesuiten. Er sagt mir ferner, daß er selbst zu diesem ehrwürdigen Orden zähle und daß er allen Fortschritt in der Welt für eitel Thorheit und Schnickschnack halte. Ich will zuerst auf all diesen Unsinn etwas entgegnen, da merke ich erst, daß der arme Dichter über Edgar Poe, den er übersetzt hat, verrückt geworden ist.

Doch schon stößt mich mein Landsmann in die Schulter und macht mich im Gewühle der Gäste auf einen eben Eingetretenen aufmerksam. Es ist ein breitschultriger Mann von der ungenirten Haltung eines alten Burschenschafters, der, als er den Filz vom Kopfe schiebt, einen fast kahlen Scheitel zeigt. Sein Gesicht, von derbem und gewöhnlichem, aber energischem Ausdruck, ist glühend roth, voll Anschlag, über der aufgeworfenen Lippe sitzt ein kurzgestutzer, graumelirter Schnurrbart.

Es war Rogeard, der Mann des Tages, der Verfasser des „Labienus", der infolge der Abstimmung über das Fremdengesetz auf dem Punkte stand, Belgien zu verlassen, und jetzt dem oder jenem seiner Freunde unwillig murrend die Hand reichte. Ich hätte ihm vorgestellt werden können, zog es aber vor, ihm fern zu bleiben.

Denn nur allenfalls in Bezug auf den Stil und Witz seiner ersten Broschüre hätte ich ihm ein Compliment machen können, nicht über die dem Pamphlet zu Grunde liegende historische oder politische Anschauung, am wenigsten über seine letzte literarische Thätigkeit. Denn Rogeard hat, als er infolge eines allerdings gut geschriebenen Feuilletons als berühmter Mann erwachte, in der Parallelisirung Louis Napoleon's bald mit Cäsar, bald mit August eine unerschöpfliche Erzader zu finden geglaubt und schürft nun, was dabei auch zu Tage komme, unermüdlich darauf los. Den Eindruck, den die „Mots de César" auf mich gemacht, kann ich gar nicht verwinden. Ja, nicht ohne ehrlichen Unwillen kann man es ansehen, wie da eine tölpelhafte Rhetorik, weil ihr der Angriff auf Louis Napoleon gelungen, sich nun ermuthigt an eine der großartigsten Erscheinungen der Geschichte wagt, an den historischen Cäsar, den Mann, der, gleich groß als Staatsmann, Redner, Feldherr, einer ganzen Welt an Geist, Charakter, Thatkraft überlegen war. Zorn erfaßt mich, wenn ich solche Verunglimpfung gewahre. Mögen Studenten für Brutus und Cassius schwärmen; wer die Motive ihrer That näher studirt hat, wendet sich von ihr entrüstet ab. Aerger, daß es nicht weiterhin Provinzen zum Plündern und Aussaugen geben sollte, daß Confiscationen und Verbannungen nicht mehr an der Tagesordnung sein sollten, Widerwille gegen höhern Werth dictirte die That der Verschwörer.\*) Solche Rechtfertigung Cäsar's haben wir

---

\*) Divum Julium plures quam inimici confecerunt amici, quorum non expleverat spes inexplebiles.

(Seneca.)

nicht erst von Mommsen hören müssen, die Auffassung Cäsar's, wie sie im Shakspeare und im Hegel zu lesen, sollte Jedermann geläufig sein. Wir gestehen, daß wir es mit solchen Autoritäten lieber als mit Monsieur Rogeard halten. Die Rechtfertigung Cäsar's liegt schon mit schlagender Gewalt in den Ereignissen, die seinem Tode folgten. Nicht lange pries Cicero die Verschwörer als Retter des Vaterlandes, nicht lange erklang in den cäsarischen Hallen das Lob Harmodion's und Aristogiton's. Die Republik hielt sich nicht, denn sie war längst schon wenig mehr als ein wesenloser Schein; es bildete sich das Triumvirat, dessen Zweck die Vertilgung der republikanischen Partei war. Bald floß wieder Bürgerblut, Actium brachte Entscheidung; die Monarchie stellte sich von selbst wieder ein. Es vollzog sich nur, was sich vollziehen mußte; eine Staatsform sinkt, wenn sie nicht mehr im Geiste der Zeit wurzelt. Schon versetzte nicht mehr der Senatsbeschluß, sondern die Ueberzeugung des Volkes Cäsar unter die Götter. Als während der Spiele, welche Augustus abhalten ließ, ein Komet sieben Tage lang um die elfte Stunde am Himmel erschien, glaubte man, nun sei die Feuerseele Cäsär's unter die Götter versetzt. Der Saal des Senats, wo er gefallen, wurde vermauert, die Iden des März parricidium genannt. An seinen Mördern vollzog sich die merkwürdigste geschichtliche Nemesis, von der man je gehört. Keiner unter ihnen überlebte Cäsar länger als drei Jahre, keiner starb eines natürlichen Todes. Alle wurden verurtheilt und gingen zu Grunde, diese im Schiffbruche, jene im Kampfe; mehrere töbeten sich mit demselben Stahle, mit welchem sie Cäsar den Tod gegeben.

# Antwerpen.

## I.

Spät in Antwerpen angelangt und von keines Bädeker Mentorhand geführt, war ich in einem Wirthshause unweit der Eisenbahn abgestiegen, das mir ein im Coupé mitreisender Antwerpener empfohlen. Dort installirt, merke ich, daß alle Fragen, die ich auf Französisch an die Leute richte, unverstanden bleiben.

"Kan niet verstahn", ist die regelmäßige Antwort, die ich empfange.

Dieses Nichtverstandenwerden macht mir ein ungemeines Vergnügen; ich sehe, daß ich mich auf echt vlämischem, also germanischem Boden befinde, welcher noch nicht den Einflüssen des Franzthums erlegen. Nur eins dämpft mein patriotisches Behagen: die Leute verstehen mich ebenso wenig, wenn ich deutsch rede.

Nein, das geht nicht so, sage ich darauf zu mir. Da man annehmen kann, daß Blämisch zwischen Deutsch und Englisch die Mitte hält, will ich künftighin halb Deutsch, halb Englisch durcheinander mischen. Freilich fragt es sich dabei, was man englisch und was deutsch sagen soll. Und da ich eben nach dem Kellner verlange und die Wäscherin mir mit ihrem Korbe auf dem Corridor begegnet, stelle ich zuerst die Frage:

„Madame, où est la sonette du garçon?"

Sie versteht mich nicht.

Jetzt deutsch: „Wo läutet man dem Kellner?"

Sie versteht mich auch nicht.

Nun in meiner selbsterfundenen Sprache:

„Where is the glock for the servants?"

Auch das versteht sie nicht. Also anders gewendet:

„Where is the bell for the dienstboten?"

Und siehe da, endlich habe ich mich in trefflichem Blämisch ausgedrückt, wenn die Worte auch ein bischen anders geschrieben werden. De bell voor de dienstboten ist links an der Treppe.

Trotz einbrechender Dunkelheit und dicht herabfallenden Regens wandere ich der innern Stadt zu; doch da ich abermals Fragen an Leute aus den untern Klassen richte, jetzt, welche Richtung ich gegen den Marktplatz einzuschlagen habe, jetzt, welche Restauration mir empfohlen werden könne, merke ich immer aufs neue wieder, wie schwer es mit dem Verstandenwerden geht. Endlich fängt das an mich zu verdrießen, und ich sehe, daß mir das Französische noch am besten aushilft. So wie hier in Antwerpen mit dem Blämischen, denke ich mir, wird es vielleicht in hundert Jahren, nachdem die Segnungen des Föderalismus sich entfaltet haben werden und man tüchtige Fortschritte nach rückwärts gemacht haben wird, in meinem lieben Prag mit dem Böhmischen aussehen. Es wird, was es noch lange nicht ist, die einzige und herrschende Sprache der untern Volksklassen geworden sein. Das wird den daherkommenden Stammesbruder aus Kroatien oder Serbien baß freuen. Aber man wird ihn trotz aller Stammesbruderschaft ebenso wenig verstehen, wie mich hier, wenn ich deutsch rede. Also: es geht nicht ohne eine Cultur- und Weltsprache! Zum Teufel mit den kleinen, versessenen, halb obsoleten Patois, die eigentlich nur Jargons für ein paar Millionen Leute sind! Entscheidet Euch, liebe Blamen, fürs Deutsche oder Französische!

Sprache des Unmuths! Als ich des Morgens, um zu frühstücken, in ein kleines Café trete und dort sehe, wie blämische Blätter die Oberhand haben, als ich sodann hineinblicke und so Vieles verstehe, freut mich dies wieder. Da liegen zwei große Blätter: der „Koophandel" und das „Antwerpener Handelsblaad", und da es Sonntag ist, tritt ein kleiner fliegender Buchhändler ein und überreicht mir die Nummer eines humoristischen Blattes: „Reinaert de Vos, een zontagsblaad voor versteendigen lieden." Nun, das ist doch Alles fast verständlicher als manch anderer deutscher Dialekt! Hierher also reicht noch die deutsche Zunge, von welcher Vater Arndt singt. Ich bin in einer deutschen Hafenstadt!

Die stürmische Regennacht hat einem lachenden, goldhellen Morgen Platz gemacht. Da es noch so früh, wandle ich zuerst im herrlichen Stadtpark umher, dann mache ich durch die Promenaden, die außerhalb der Festungswerke liegen, den Umkreis um die halbe Stadt. Der Himmel ist blau, die Luft mild, leichte Windstöße, welche die schlanken, dichtbelaubten Pappeln zuweilen streifen, schütteln einen gelinden Regen zurückgelassener goldener Tropfen herab. Welche Stille! Kaum ein Mensch in den weiten, herrlichen Anlagen zu sehen! Aber feierlich und immer lauter hallen die Glocken.

Ich trete in die Stadt. Ja, da merkt man den Sonntag! In den langen prächtigen Straßen, wo alle Verkaufsläden geschlossen sind, begegnen mir bald Züge von Kindern, bald Züge von jungen Leuten, die offenbar zur Kirche eilen. Wie die Schafheerde vom wachsamen Schäferhunde ist jeder Schülerzug von einem oder zwei ernstblickenden Jesuiten im schwarzen Gewand mit breitkrempigem Hute begleitet. Jetzt kommen wieder weibliche Pensions- oder Klosterzöglinge und haben Nonnen zur Aufsicht bei sich.

An den Mauern lese ich eine Unzahl frommer Ankündigungen:

Feest von Translatie (Uebertragung) de Reliquieen van de H. Begga (Tochter des austrasischen Hausmajors Pipin, der problematischen Stifterin der Beguinen).

Insteltag de Broederschap teer eere van het hert van Maria in de kerk van het Begynhof mit vollen aflaat! (Ablaß.) Alles tot merere eere en glorie Gods. (Alles zur größern Ehre und Glorie Gottes.)

Feest der Gennopschap der goode Doods. (Fest der Genossenschaft des guten Todes.)

Feest der Broederschap der bedrukte (schmerzvollen) Moeder Gods.

Andacht zum Hert van Jesus mit vollem aflaat voor levenden en Dooden.

Dieser volle Ablaß für Lebende und Todte findet sich allenthalben angekündigt.

Ich trete zuerst in eine Kirche bescheidener Gattung. Es wird an zwei oder drei Altären zugleich Messe gelesen. An jeder der mächtigen Säulen, welche das gothische Gewölbe tragen, ist ein Opferstock angebracht und jeder hat seine Inschrift:

Heere offert man voor het Broederschap de

gedurigen anbittung.  (Hier opfert man für die Brüderschaft der immerwährenden Anbetung.)

Heere offert man voor den H. Eligius.

Heere offert man voor het zwuifel (für den Zweifel).

Heere offert man voor de H. Hyacinthus.

Heere offert man ter eere van de H. Familie.

Heere offert man ter eere van het bitter leyden.

Endlich finde ich: Heere offert man ter eere van de H. Joannes Nepomucenus, und es ist nur selbstverständlich, daß auch ich da ein Scherflein darbringen sollte.

Nachdem ich auf der Place Verte Rubens' Standbild betrachtet, trete ich in die Kathedrale; ich weiß eigentlich nicht, ob ich jemals einen prachtvollern gothischen Bau gesehen.  Dieser Dom hat, was kein anderer in der ganzen Welt, sieben Schiffe.  Die Sonne fiel durch die Glasmalerei der hohen Spitzbogenfenster, beleuchtete die ungeheure Höhe der Wölbungen, warf allerlei Lichter auf die erstaunlichen Pilaster und die marmorgetäfelten Dielen und zeigte einen Exceß von Pracht und Reichthum.  Welche Würde der Holzschnitzerei in Chor- und Beichtstühlen und Kanzel! Dabei diese schweren silbernen Leuchter, wie sie die Phantasie kaum in einer orientalischen Königshalle träumt, mit der Unzahl brennender Wachslichter, diese Teppiche und goldgestickten Verbrämungen! Hier hängt, leider hinter einem Vorhang verborgen, Rubens' Kreuzabnahme. Vor einem Altar, neben dem rechts und links Orangenbäume in silberplattirten Kübeln aufgestellt sind, wird das Hochamt celebrirt. Ich habe Aehnliches noch nicht gesehen. Ein Priester, mit goldener Inful geschmückt, ist von einer ganzen Schaar Geistlicher umgeben. Die drei hervorragendsten unter ihnen tragen Ornate von violettem Sammt; die Goldstickerei auf dem starren Rückenschilde bildet bei dem mittlern ein breites Kreuz, bei den beiden andern Längenstreifen. Der eine von ihnen hat einen silbernen Bischofsstab in der Hand, der andere eine silberne Bischofsmütze, der dritte bringt ein goldenes Waschbecken daher. Der mit der goldenen Inful, der rothe Handschuhe an hat, zieht sie aus und beginnt sich die Hände zu waschen. Einer hält das Becken, der andere die Kanne, ein dritter bringt ein Handtuch. Nun setzt sich der mit der Goldhaube und man breitet ihm das Handtuch über die Kanne. Mag ein Anderer aus diesen Dingen klug werden! Ich sehe nur, daß Alles märchenhaft reich ist und daß diese starren Schilde, aus welchen die greisen Köpfe nur mühsam hervorsehen, den Priestern, wie sie mit langsam feierlicher Bewegung bald niederknieen, bald sich wieder erheben und die Altarstufen hinaufrutschen, das Ansehen seltsamer Schildkröten aus einem Fabellande geben. Nun wird ein Umzug gehalten, der Segen ertheilt. Eine ganze Schaar junger Geistlicher in einfachen Chorhemden eilt voran, ihr folgt ein Trupp Kirchendiener, alle glatt rasirt, corpulent, vollendete Gentlemen, fein wie Diplomaten oder Hofmarschälle. Ausgewählt feine junge Männer, Laien, Mitglieder irgend einer Brüderschaft, mit schwarzen Bärten, schwarzseidenen Habits, kommen zuletzt. Alle tragen Wachskerzen. Welche Pracht vom einfachen Chorhemd mit feinstem Spitzenbesatz bis zu jenen oben geschilderten Ornaten! Noch nie hat mich der Reichthum einer Religion so frappirt. Auch hat noch nie ein so feiner Weihrauchduft meine Geruchsnerven gekitzelt. Es ist die feinste Mischung edler, herzgewinnender, beinahe berauschender Harze.

Ja, diese Kirche Belgiens ist reich! Diese Städte durchwandernd, stößt man alle zehn Minuten auf einen prachtvollen Dom, und ihre herrliche Gothik hat eine Frische, als wären sie erst seit einem Jahre geschaffen. Während man bei uns das Alte nur nothdürftig flickt und die Bauten der Vorzeit durch wohlfeile Reparatur schändet, ist hier Alles im alten Stile und alten Geiste mit verschwenderischer Hand ergänzt und ausgebaut und steht fertig da bis auf die zierlich durchbrochene Arbeit der Thürme, fein wie Brüsseler Spitzen. Alles ist vollständig bis auf das letzte Glöcklein im Glockenspiele.

In eine dritte Kirche tretend, deren Namen ich nicht weiß, sah ich mehrere Hundert Nonnen, vermuthlich Beguinen, beisammen knieen. Viele waren schön, in der Blüte der Jugend. Die Gesammtheit in ihren schwarzen Gewändern und weißen Schleiern gab ein ergreifendes Bild.

Auch auf offener Straße finde ich die Opferstöcke wieder. Ueber einem uralten schwarzen Thorbogen sehe ich ein schwarzes Bret, darauf gemalt ein weißes Herz mit sieben weißen Schwertern, darunter die Aufschrift:

Here offert man voor ons liewe
Vrouw van zehen Wehen.

Allenthalben begegnen mir Geistliche, an ihren Schaufelhüten kenntlich. Ich mache dabei die Bemerkung, daß alle Weltgeistlichen hier zur Corpulenz neigen, während die Jesuiten durchgehends ascetisch mager sind.

Inzwischen war es Mittag geworden, ich eile ins Museum. Es steht in einem Garten, den Vorplatz ziert die Statue van Dyck's in Marmor. Ich glaubte hier in eine andere Region zu kommen, aber es war noch immer die kirchliche Welt, der ich hatte entfliehen wollen, die mich hier umgab. Beinahe in allen Bildern sind religiöse Gegenstände dargestellt. Ganz besonders ist hier

Rubens vertreten; man lernt ihn mit der ganzen ver=
schwenderischen Fülle seiner Gestaltungskraft, mit dem
ganzen Zauber seiner Farben kennen, aber ob man ihn
lieb gewinnen kann? Pracht, Pomp, Reichthum und Fülle
sind da, aber diese Bravour des Pinsels, diese Unend=
lichkeit von Mitteln ruft fast immer nur ein kaltes Er=
staunen hervor. Der Meister ist kühn, grandios, voll
Formensinn, seine Phantasie ist groß und frappant, aber
nur das Auge staunt, das Herz bleibt unergriffen.

Die christliche Legendenwelt, eine Welt der Armen,
Mühseligen und Beladenen, ist bei Rubens geradezu auf
den Kopf gestellt. Hier der Besuch Maria's bei Elisa=
beth. Elisabeth, der man ansieht, daß sie eine schöne Frau
gewesen, trägt das Hauskleid einer feinen Dame; Maria
ist blond, sie trägt ein weißes, silbergrau schillerndes
Seidenkleid, von einer blauen Mantille umhüllt, in den
Lüften setzen ihr Engel, wie kleine Liebesgötter in den
verwegensten Contorsionen gaukelnd, einen Kranz von
Rosen aufs Haupt. Ist das die christliche Welt?

Oder die Anbetung der Könige, wie es heißt, von
Rubens in vierzehn Tagen gemalt. Der Stall mit der
Krippe befindet sich in einer Ruine, aus welcher noch ein
paar Säulen mit prächtigen Capitälen aufragen. Die
morgenländischen Könige, die der Stern herbeigeführt, sind
alle imposant, prächtig. Der eine, weißen Hauptes und

mit weißem Bart, kniet im priesterlichen Anzug, der andere, in Purpur, präsentirt seine Gaben mit theatralischer Geberde, der dritte hält sich im Hintergrunde. Den Mittelpunkt nimmt der dickbäuchige Karavanenführer, gewissermaßen der Reisemarschall, vor seinen Kameelen ein. Er wirft Blicke, die mir gar nicht gefallen wollen, auf die junge Mutter, welche das göttliche Kind mit koketter Bewegung hält.

Hier die Vierge au perroquet! Der Knabe Jesus, wiewohl bereits an sechs Jahre alt, ist ganz nackt, freilich auch schön wie ein Adonis. Maria selbst ist diesmal eine reizend schöne Orientalin. Im Hintergrunde lagert der bescheidene Pflegevater und scheint zu sagen: „In diesem Kreise bin ich nur geduldet!"

Nein, da ist mir van Dyck lieber, es ist in seinen Bildern mehr Seele, mehr Herz, geistigerer Schmerz, süßere Liebe. Herrlich ist ein Bild von ihm: Christus am Kreuz, neben ihm — wunderlich genug — der heilige Dominicus und die heilige Katharina von Siena. Der Fels im Vordergrunde trägt die Inschrift: Ne patria suis manibus terra gravis esset, hoc saxum cruci advolvebat et huicce loco donabat Antonius van Dyck.

Nach dem Besuch so vieler Kirchen und des völlig christlich tingirten Museums war ich entschlossen, mich dem Irdischen zuzuwenden. Schon lange plagt mich gewaltig die niedrig menschliche Regung des Hungers. Da sehe ich den Hafen vor mir mit seinen Wimpeln und Masten, ich eile hin und verliere mich wieder im Anblicke des echt holländischen Bildes von alten Kanälen, über welche Zugbrücken hinlaufen, von Zollhäusern mit wunderlichen Waarenballen, im Anblick von Fischern und Matrosen und schmutzigen Rangen, die in Holzschuhen tanzen, und alten Weibern, die, in Mantel und Kapuze gehüllt, ihre Thonpfeife rauchen. Zuletzt finde ich ein Lagerhaus mit der alten Inschrift: Sacri Romani imperii domus Hansae teutonicae, und wieder halte ich lange und sinnend still, denn ich sehe auch — eine Erinnerung an die „Markgraffschaft des H. Röm. Reichs" — dort den alten deutschen Reichsadler.

Eine nachdenkliche Stimmung überkommt mich immer, wenn mir dies Symbol verloren gegangener Einheit ins Auge fällt, um wie viel mehr, wenn ich es hier unerwartet an ferner Grenze finde. Der theure unvergeßliche Adler! Es scheint beinahe fabelhaft, daß er so weit seine Fittige ausspannte! Doch das ist lange her! Seinen Fängen entfiel ein Stück ums andere, entfiel Livland, entfielen die Niederlande, entfiel Lothringen, Elsaß, das Bisthum Basel; Feder um Feder ging ihm aus, fast ohne daß man's merkte. Seine Schwerfälligkeit muß an seinem Unglücke schuld gewesen sein, sonst ließe sich sein Verfall gar nicht erklären. Im Jahre 1848 meinte man, er werde sich gleich dem Phönix verjüngen. In seinem Horste zu Frankfurt am Main regte es sich seltsam. Dort lag plötzlich ein Ei, zum Schreck aller übrigen Wappenthiere; es schien, als sollte daraus der alte Vogel aufs neue hervorgehen. Doch der böse Feind war nicht fern und Schmerling umschlich als Marder das Nest, welches frei und ungeschützt dalag. Und wirklich waren plötzlich davon nur die zerbrochenen blutbespritzten Schalen zu sehen. Kurz, das Ganze war ein Traum, wenn auch ganz vernünftige Menschen ihn geträumt. Nun sind ganz andere Vögel da, der arme alte Reichsadler aber existirt nur halb als ein Petrefact, halb als ein Ding aus dem Fabelreiche; der Reichsvogel, der im besten Falle noch nach ihm kommt, wird, fürchte ich, nimmermehr das weite Ausmaß seiner Flügel haben.

Als mich, aus meiner Träumerei erwacht, der Hunger immer ärger plagt und ich mich in einem Quartier sehe, wo jedes Haus ein Wirthshaus ist und jedes die Aufschrift Estaminet trägt, will ich auch nicht erst weiter gehen, sondern hier mein Mittagsmahl einnehmen.

Da lockt mich folgende Inschrift: Jn het niew vischerhuys Estaminet, dazu der Beisatz: Beefstakes, visches, homards, pale ale en sterke dranken. Ich trete ein, Matrosen sitzen an den Tischen umher, dralle Dirnen bedienen. Vor einem Pianino sitzt eine rothhaarige Dame, schlägt energisch auf die Tasten, ein schwindsüchtiger Jüngling mit blondem Haar sitzt daneben, die Guitarre im Arm, singt und hustet dazwischen. Ich glaube mich geirrt zu haben, frage aber doch, ob man hier zu essen haben kann. Eine Matrone lächelt freundlich: „Ja, Mynherr!" Sie weist mich in ein ganz leeres, halbdunkles Gemach nebenan, doch schon naht, mir Gesellschaft zu leisten, ein vollbusiges Fräulein in überleichtem Anzuge. Daher also jenes Mädchen, das an der Thür stand und mich — ich glaubte, die Sonne blende sie — durch die Finger schelmisch anlächelte. Kurz gefaßt ergreife ich die Flucht. Hätte ich nicht ahnen können, daß selbst in der frömmsten Stadt, wo Schiffer einkehren, die Sirenen nicht fern sind?

Erst fern vom Schifferquartier fühlte ich mich sicher und geborgen.

## II.

In der Stadt, welche der Kern- und Mittelpunkt vlämischer Art und Sprache ist, muß sich dem Reisenden vor allem Uebrigen die Frage nach dem Wesen und der Zukunft des Vlamenthums aufdrängen. Ich glaube sie in Folgendem kurz fassen und beantworten zu können.

Kein anderer deutscher Stamm hat sich so arg zerklüftet wie der der niederrheinischen Franken. Die Niederdeutschen von Köln und Aachen, die Flamen Belgiens und die Holländer sind drei Zweige eines und desselben Astes und ihr Plattdeutsch, ihr Vlams und ihr Holländisch nur Dialekte eines und desselben Sprachstamms. Aber erinnern sich diese beiden letztern ihrer Abstammung? Die Flamen cultiviren ihr auf ein kleines Gebiet beschränktes Idiom, mit welchem sie eine inferiore Stellung einnehmen, und werden allmälig vom Franzosenthum überflutet; bei den Holländern hat sich die Sonderung zu einer unnatürlichen, dünkelhaften Aversion gegen den Mutterstamm ausgebildet. Die Aussicht eines Wiederanschlusses ist vorerst noch nirgends vorhanden.

Der Proceß der Verwelschung deutscher Stämme, den wir im Elsaß sich unter unsern Augen an einem Bruchtheil der Nation vollziehen sehen, geht am Niederrhein in weit größerem Maßstabe eigentlich schon seit Jahrhunderten vor sich. Die nach der Mosel, Saar und Maas ausgewanderten ripuarischen Franken, Lothringer genannt, waren die ersten, deren Sprache und Volksart im Franzosenthum aufging.

Aber auch die Flamingen haben an Boden verloren. Es gab eine Zeit, wo das ganze jetzige Belgien deutsch sprach. In Lüttich, wo jetzt Wallonen sitzen, sprach noch

1147, zur Zeit des heiligen Bernhard, alles Volk deutsch, das Deutsche war Staatssprache. Deutsch schrieb schon dort Jakob van Merfeld, den die Blamen den vader der dietschen dichters algader (alltogether, allesammt) nennen.

Erst 1383, als Flandern an das burgundische Haus vom Stamme Valois kam und die gesammten Niederlande, das Friesenland ausgenommen, einen dem Wesen nach vom deutschen Reiche unabhängigen Staat bildeten, wurde das Französische Sprache des Hofs, des Abels und des höhern Beamtenthums. Die Genter und Brügger vertheidigten damals ihr Volksthum. Die Fehden dauerten lange. Auch die von Karl V. hergestellte Verbindung der Niederlande mit dem deutschen Reiche brachte der Volkssprache keinen Vortheil. Das Blämische, wiewohl noch als Schriftsprache cultivirt, vermochte sich am Hofe nicht zu halten.

Dennoch war beim Durchbruch der Reformation und auch noch zur Zeit des Aufstandes unter Philipp II. Niederdeutsch die Sprache der mittlern und niedern Klassen. Der Reformationsschriftsteller Marnix de St.-Aldegonde schrieb seine Hauptwerke blämisch. Nun ward der Glaubensgegensatz zum Scheidungsmerkmal zwischen Belgiern und Holländern. Der freier denkende reformirte Norden gestaltete sich zu einem Staatenbunde, der immer herrlicher heranwuchs und seine Colonisten in alle Welttheile schickte, die wallonischen Provinzen aber unterwarfen sich und auch Brabant und Flandern folgten, nachdem die wohlhabendsten und aufgeklärtesten Bewohner nach Holland emigrirt waren. Von da ab wurde die vlämische Sprache „wegen ihrer Aehnlichkeit mit ihrer lutherischen Schwester in Holland" anstößig. Die Jesuiten regierten. Wer vlämisch sprach, galt für einen Oranier.

Als die spanischen Niederlande durch den Frieden von Utrecht an das Haus Oesterreich kamen, da hätte man glauben sollen, daß die Provinzen dem Deutschthum hätten näher rücken müssen. Dem war aber nicht so. Die französische Revolution begünstigte das Französische, und als vollends die Niederlande an Frankreich fielen, verbot Napoleon das Vlämische in Actenstücken wie in Schulen. Erst nach dem Zusammenfall mit Holland ermunterte sich wieder das zurückgedrängte Element. Indessen ruhte der Religionszwiespalt nicht; die Vlamingen vereinigten sich — höchst unnatürlich — mit den Wallonen gegen ihre Stammverwandten und das heutige Belgien entstand über Nacht. Es sollte fortan eigentlich, trotz des deutschen Prinzen Leopold, ein französisches Land sein, und Französisch ward dessen officielle, gerichtliche, parlamentarische und wissenschaftliche Sprache.

Ums Jahr 1830 begann indessen die vlämische Bewegung. Männer traten auf und schaarten sich zusammen,

welche die Bekämpfung des Franzosenthums zu ihrer
Lebensaufgabe machten. Blämische Zeitungen entstanden allenthalben, der Brüsseler Bürger Cats gründete ein
vlämisches Theater, eine ganze Reihe von Schriftstellern,
unter welchen vor allen der Antwerpner Henrik Conscience
zu nennen, waren überaus thätig. Diese Männer hatten
gegen große Hindernisse zu kämpfen. Das Blämische
war durch die Länge der Zeit der Mißachtung verfallen,
galt als Patois, das Schriftvlämisch war der Bevölkerung kaum verständlich. Viele Zeitungen gingen nach kurzem Bestande wieder ein, Cats setzte sein Vermögen am
Theaterunternehmen zu. Das größte Unglück aber war,
daß das Blämische in die Hände der Ultramontanen gerieth. Diese erkannten ein Mittel darin, die Liberalen zu
bekämpfen, neues Leben in ihre Partei zu bringen. Das
Blämische war eben die Sprache der Landbevölkerung, und
damit ließ sich wirken. Es war ein Mittel, das Volk zu
isoliren; es sollte nicht Deutsch lesen, weil die deutschen
Schriftsteller Protestanten und Freigeister, nicht Französisch, weil die Franzosen Voltairianer waren. In vlämischer Sprache wollten sie schon für gehörige Kost sorgen.

Aber es stellt sich allenthalben heraus, daß eine
auf ein kleines Gebiet angewiesene Sprache als Bildungsmedium unwirksam ist. In einem kleinen Garten lassen
sich nicht alle Früchte ziehen, deren der menschliche Geist

bedarf, in einem kleinen Werbebezirk sich wenig Soldaten für die so mannichfaltigen Interessen des Geistes rekrutiren. Auf einem engen Terrain muß der Volksgeist verkümmern. Dazu kam noch das Mißliche, daß das Idiom in sich selbst gespalten war. Factisch spricht hier jede Stadt ihre eigene Mundart. Der Bewohner von Gent versteht nur mit Mühe den Antwerpner, der Brüsseler ebenso schwer den Genter; kurz, das Volk versteht sich unter einander selbst nicht. So kommt es, daß die Bewegung allmälig wieder bergab geht. Sie könnte sich nur wieder heben, wenn, was vollkommen in der Ordnung, der vlämische Theil Belgiens wieder an Holland zurückfiele, oder an Deutschland, was allerdings der Fall wäre, wenn dieses seine Mission endlich erfaßte und aus einem geographischen Begriff ein Nationalstaat würde.

Und somit wären wir auf einen Punkt gekommen, dessen Erörterung die constitutionell-liberale Partei, deren Schooßkind Belgien ist, ganz besonders perhorrescirt, die Frage: wird sich Belgien halten? Ich möchte es nicht behaupten. Die fictive nation belge besteht aus zwei in Charakter und Abstammung ganz verschiedenen Völkerschaften, die sich von Herzen hassen. Die Wallonen schelten die Vlamen als plump, ungeschlacht, dumm, die Vlamen die Wallonen als tückisch und verschlagen. (Wat Walsch is, valsch is.) Noch bitterer ist der Haß der Klerikalen und Liberalen (liberal, wiewohl auch von ihnen die meisten am Freitag kein Fleisch essen). Welche Saat streuen wohl diese Armeen des Obscurantismus, welche dieses schöne Land durchziehen, aus! Da gibt es Franciscaner und Kapuziner, Clarissinnen und Augustinerinnen, Benedictiner, Cistercienser, Trappisten, Jesuiten, Redemptoristen, Soeurs rouges, Frères ignorantins, Carmes dechaussés, Soeurs Maricoles, Visitandines, Prämonstratenser, Cölestiner, Beguinen, Apostolinnen und viele andere mehr. Muß es nicht mit solchen Mächten früher oder später zum Conflict kommen?

Ich meinestheils glaube nicht, daß dieser Boden, der, wie kein anderer in Europa, immer von neuem die Position geändert und binnen weniger als hundert Jahren schon bereits östereichisch, napoleonisch, holländisch und selbstständig war, fortan unantastbar sein wird, weil dort die constitution modèle functionirt, welche die Freiheit so auffaßt, daß auf ihrem Boden auch alle freiheitswidrigen Bestrebungen unbeschränkten Spielraum haben.

## Oſtende.

Wir ſtehen im Bereich der fetten grünen Triften, über die Störche gravitätiſch ſchreiten, im Bereich der Fläche, wo die Windmühlen raſtlos ihre hölzernen Arme geſpenſtig bewegen. Mit wüthender Eile ſauſt der Expreßzug, nachdem er einige Minuten in Brügge verweilt, wieder weiter. Das iſt ein anderes Fahren als bei uns im immer gemächlichen Deutſchland. Man muß von Zeit zu Zeit die Augen ausruhen laſſen von dieſer Jagd von Eindrücken. Da erblickt man, wenn man den Kopf wieder zum Wagenfenſter wendet, neben den Windmühlen und zwiſchen den kleinen Baumgruppen, ſcheinbar mitten auf Wieſen, wo Pferde und Kühe durcheinander graſen, Segel und Maſten. Sie gehören großen Schiffen, die auf einem oder dem andern der ſechs Kanäle, die von Brügge ausgehen, ihren Weg hinziehen. Dann kommen Wälle und Gräben, eine Stadt zeigt ſich, der Zug fährt ſcheinbar mitten in Schiffe und Takelwerk hinein, da mäßigt ſich der tolle Lauf, ein Pfiff — der Reiſende iſt in Oſtende.

Einmal da, kann ich es kaum erwarten, von der Höhe der Digue das Meer wiederzusehen. Eiligst raffe ich mich auf, renne durch die Stadt, und als ich schon bei der Brücke bin und über den Festungswall den gedämpften Donner der Wogen höre, fängt mein Herz vor Freude laut zu schlagen an. Nun, da liegt es schon vor mir ausgebreitet, das ruhelose Element, grau unter einem bedeckten Himmel. Im mächtigen Takte kommen die Wogen heran, die ganze Brandungslinie ist weiß, spritzender Schnee einer flüssigen Lawine.

Es ist morgens zwischen zehn und zwölf, also eben Badezeit. Hier kommen schon Frauen und Fräulein zurück, das gelöste, noch von Seesalz feuchte Haar über den Rücken gekämmt, wie Opernheldinnen im fünften Acte. Andere eilen erst hin. Rasch an den Pavillons vorüber und zu den Badeplätzen! Auf der wie eine Tenne glatten Düne stehen die Badekarren zu Hunderten, alle weiß angestrichen, numerirt, kleine Häuser auf Rädern, eine Wagenburg. Bald hier, bald dort wird ein Pferd vorgespannt, die Karren setzen sich in Bewegung, die stämmigen Rosse treten ins Wasser hinein, jetzt halten sie still. Dort, im Schaum der Brandung, tummeln sich bereits Hunderte badender Gestalten, Männlein und Weiblein durcheinander.

Es wäre schwer, in der Gegend von Ostende land=

schaftliche Schönheit zu finden; sie ist ja, soweit das Auge reicht, nichts als eine unermeßliche Fläche, die sich nur durch ungeheure Dämme, endlose Festungs= werkslinien, flache Pavillons und einen Leuchtthurm charakterisirt. Und dennoch fesselt das Ganze. Das Auge, sonst gewohnt, entschiedene Farben zu sehen, blickt erstaunt auf dies ganz in Grau gehaltene Colorirt. Da gibt es nichts Grünes, Rothes, Schwarzes oder Brau= nes, Alles ist bleigrau oder fahl, oder blaßgrünlich oder blaßröthlich. Der Maler, der das malte, müßte Weiß in alle Töne mischen. Blickt man aufs Meer: eine mit dem grauen Horizont verschwimmende endlose blaßgraue Fläche, nur dann und wann von einem dunkeln oder hellen Punkt — einem fern hinziehenden Dampfer oder einem Segel — unterbrochen. Blickt man vom Meer zurück: zuerst ein ungeheurer, bei der Ebbe bloß= gelegter weißfahler Dünengürtel, in welchen die Wogen= brecher aus grauen Quadersteinen hineinlaufen und ihn abtheilen, dahinter ein schmaler blaßgrüner Streif von Gras und Ginster, noch weiter zurück die fahlen Linien völlig baumlosen Gestades. Das Ganze hat eine wunder= liche, fast gespenstige Farblosigkeit.

Dazu als Troß der ungeheuren Badekarrenburg die Baigneurs und Baigneuses, die Bademänner und Badeweiber, die die Furchtsamen und Kranken in die

Brandung führen, Eseljungen mit ganzen Rudeln von Eseln zum Ritt durch die Dünen, mit Schaffellbecken gesattelt, endlich Badekarrenkutscher neben ihren riesigen Pferden — dies die Staffage.

In der Stadt selbst ist kaum etwas zu sehen, es wären denn die Bäume merkwürdig, die im kleinen Jardin Leopold ein kümmerliches Leben fristen. Sonst wächst auf Meilenweite kein Baum. Der Sandboden und der Wind lassen es nicht zu.

Vorüberhuschende Frauengestalten in knappen schwarzen Mänteln, deren schwarze Kapuze über den Kopf gezogen, hielt ich anfangs für eine besonders weltverachtende Nonnengattung. Aber das ist nur altflandrische Tracht, die sich hier bis in die Bürgerklassen hinein erhalten. Eine ernstere, mehr ascetische Kleidung ist nicht zu denken. Jede Nonne mit weißem Schleier sieht daneben kokett aus. Es ist die Tracht für eine öde, kahle, dem Sturm ausgesetzte Küste.

In Ostende hat die vlämische Reinlichkeitsliebe, die sprichwörtlich gewordene propreté flamande ihren höchsten Ausdruck gewonnen. Eine löbliche Gewohnheit hat hier schon die Dimensionen des Fanatismus. Es wird da so viel gewaschen und gescheuert, daß man kaum begreift, wie die Leute noch Zeit für andere Thätigkeit finden. Geht man an den Häusern vorbei, so muß man sich vor den Handspritzen in Acht nehmen, mit welchen die Hausfrauen ihre Häuser von unten bis oben begießen. Doch man weiche vorsichtig aus! Dort steht wieder irgend ein Hausvater vor der Thür, einen Tiegel mit Oelfarbe und einen Pinsel in der Hand, und sinnt nach, welches Holz oder Eisen er wieder durch zierlichen Anstrich verschönern könne.. Ich habe Weiber gesehen, welche das durch den Regen und die Schuhe der Vorübergehenden beschmuzte Trottoir vor ihrem Hause sorgfältig mit Handtüchern abwuschen und abtrockneten.

Abends wieder hinan zur Digue und über die endlosen ziegelgemauerten Dämme gewandert. Hier drängt sich die Badewelt zusammen. Vom Cercle du bain, einer großen glasgedeckten Halle, bis zum Pavillon royal circuliren und flaniren die Gäste. Im erstgenannten Ort spielt die Militärmusik. Das Baden hat aufgehört, die allenthalben aufgestellten Fernröhre, welche früh schönen Najaden nachspähten, verfolgen jetzt nur noch dies und jenes Segel in der Ferne, dies herankommende, jenes ausfahrende Schiff.

Doch lassen wir das Badepublikum und seine bunte Maskerade und wandern wir ein wenig, von Wogenbrecher zu Wogenbrecher klimmend, im Sand. Der Tag war grau, neblig, wolkenbedeckt, nun durchleuchtet die niedergehende Sonne das Bild, das Bleigrau des

Meeres verwandelt sich allmälig in hellburchleuchtetes Grün, der Schneeschaum der Brandung bekommt einen rosigen Anhauch. Diese Wogen, die so endlos in gemessenen Zeiträumen heranrollen, und ihr unbestimmter Donner, wie ernst stimmen sie das Gemüth! Der Dünensandgürtel so voll kleiner zerriebener Muschelüberreste! Welche Fülle von Leben in diesem Element und welcher Verbrauch, welche Abnutzung von Wesen! Das Meer ist ein Symbol des Lebens, ein Bild der Unendlichkeit der Natur. Was ist Raum? Was ist Zeit? Wie dieses Meer Milliarden Wellen hinaussandte und wieder zerschellen ließ, so die Natur auf dieser kleinen Erde Millionen Generationen. Schon Millionen Daseinsformen sind untergegangen, andern Millionen wird es ebenso ergehen. Was sind Jahrhunderte? Wellenschläge, Wellenpausen. Was ist ein Geschlecht? Eine Welle. Und die kleinste der Blasen, die im Schaum einen Moment da ist und wieder vergeht, nein, nicht mehr ist der Mensch.

Ich war an die Nordseite des Meerdamms gerathen. Da ist die Einfahrt in den Hafen durch eine weit ins Meer hineinragende Doppelreihe eingerammter Pfähle; Bohlen sind darüber gelegt und bilden gleichsam eine unendlich lange Brücke, die Estacade.

Die Sonne war eben im Sinken, als ich, die Verpfählung hinabwandernd, von einem Manne im blauen Wams aufgefordert wurde, mit ihm eine Fahrt im Kahne zu machen. Sein wettergebräuntes Gesicht von eigenthümlich schwermüthigem Ausdruck zog mich an, ich trug ihm auf, mich an den Leuchtthurm und zum Austern= park zu führen. Wir stiegen eine glatte, tangbedeckte Treppe hinab und bald sitze ich zwischen Netzen und Fisch= kübeln im Kahne, welchen der Fischer, mir auffallend genug, durch den bloßen Gebrauch des Steuers in die dunkle Fläche hinauslenkt.

Acht Uhr! Eben kommt der Dampfer des Weges, der bei Tagesanbruch in Dover ist, und ich weiß nicht, warum er mir in diesem Augenblick wie ein großer eng= lischer Neufundländer vorkam, der seinem Herrn zu= schwimmt. Der Wellenschlag hebt unsere kleine Nuß= schale, dann beruhigt sich die Woge wieder, unendliche Einsamkeit, unendliche Stille tritt ein. Wir steigen aus, eine andere Treppe hinan und nun geht es endlos in Winkeln die Festungswerke entlang. Hier sind mächtige Bassins mit Schleußenthoren, in welchen sich das Wasser während der Flut anstaut, um später das Fahrwasser zu vertiefen. Endlich steht man vor dem Leuchtthurm. Man ist wohl britthalbhundert Stufen gestiegen, bis man in die Laterne gelangt. Noch ist die große vier= dochtige Lampe, welche das mit Hülfe platinirter Re=

flectoren vertausendfachte Licht fünfzehn Stunden weit ausschickt, nicht angezündet. Von der Höhe noch einen letzten Blick ins Land, auf die Stadt mit den graurothen Ziegeldächern, den Festungswerken, Dämmen, Kanälen, Schiffen; Alles flach, wie auf einer Landkarte gezeichnet. Dort in der Ferne blitzt etwas, es ist eine vom letzten Abendstrahl beschienene Fensterreihe — Dünkirchen.

Als ich wieder unten bin, den Damm weiter wandere und zurückschaue, glänzt schon oben das Feuer im Leuchtthurm, der Wind bläst heftig und biegt den Ginster, es wird eine stürmische Nacht geben.

„Wovon lebt Ihr?" fragte ich meinen Führer, der mehr als andere Vlamen im Deutschen zu Hause war. „Seid Ihr Matrose?"

„Nein, Mynherr, ich fische Seespinnen" (crevettes).

„Was verdient Ihr damit?"

„Man kann, wenn es gut geht, im Tag auf drei bis vier Francs kommen, aber im Winter — der Winter ist lang, Mynherr!

„Was macht Ihr da?"

„Schiffe ausladen, Mynherr."

Wir stehen vor einem unscheinbaren Hause, niedrig, nur ein Erdgeschoß mit grellrothem Ziegeldach. Ein Köter bellt, wir gehen über eine kleine Brücke. Alles ist einsam, der Wind weht scharf, die dunkle Röthe des Sonnenuntergangs liegt auf allen Dingen. Der Austernparkwächter lehnt an der Thür, sagt aber nicht guten Abend, regt sich nicht, schweigsam geworden wie seine Austern. Da übernimmt mein Führer die Rolle des Erklärers.

Zuerst führt er mich zu einem großen viereckigen, mit Quadern ausgemauerten Behälter, zu welchem das Meerwasser Zutritt hat. Er dreht eine Winde und ein ungeheurer Korb, mehrere Ellen im Geviert, taucht aus der Tiefe. Das krabbelt uud streckt die Scheeren plump und schwer durcheinander — es sind Hummern, die Jules Janin einst die Carbinäle des Meeres nannte, weil er meinte, daß sie bereits im Meere die schöne Purpurfarbe haben — ein ganzes Cardinalscollegium.

„Diese großen Hummern kommen aus der Bretagne, ja, Mynherr", sagt mein Führer. „Und diese" — er windet einen Korb empor, worin kleine Hummern krabbeln — „diese sind aus Norwegen."

„Also in Ostende selbst fängt man keine? Aber Austernbänke sind doch in der Nähe?"

„Die Austern kommen aus England, aus Harwich oder Colchester, ja, Mynherr; keine Felsen, keine Austern!"

„Also das Wort huîtres de Ostende, das man an

den Fenstern so vieler Restaurants liest, hat keine Richtigkeit?"

„Nein, Mynherr. Höchstens könnten sie hier en pension gewesen sein."

Ein zweiter Wasserbehälter beherbergt die Austern. Man hebt die Körbe ebenso aus der Tiefe. Kalkstein und Leben darin — wie seltsam! Ich gebe dem stummen Austernparkwächter ein Trinkgeld und wir gehen weiter.

„Hier legen die Schiffe an mit den Austern und Hummern, ja, Mynherr", sagt mein Führer, als wir wieder zu einem ausgemauerten und wassergefüllten Kanal kommen. „Und schnell muß man sie hinübertragen, sonst gehen sie caput."

„Die Hummern mögen wohl tüchtig zwicken können?"

„Den Finger ab, gleich, Mynherr! Man fängt sie auch nicht mit Netzen, sondern mit Eisen, wie die Füchse, ja, Mynherr! Man thut hinein ein gut Stück norwegischen Stockfisch, recht stinkig; der Hummer geht hinein, will fressen, kann nicht heraus, ja, Mynherr!"

„Und Ihr, wart Ihr jemals in Norwegen?"

„Siebenmal in Norwegen, Mynherr, siebenmal. Ein hart Land, im Winter bös anzusehen. Schnee, viel Schnee und ein schlechtes Meer, ja, Mynherr! Es haben viele von uns dort gelassen ihr Leben wegen der Hummern."

„Geht Ihr je wieder hin?"

„Nein, Mynherr. Zu bös zu landen. Zu hart. Dreimal dort knapp dem Tode entgangen, das ist genug. Ich habe Weib und Kind, ja, Mynherr!"

Der Mann verstummte. Gern gab ich ein doppeltes Trinkgeld, denn zum ersten Mal dachte ich nun, welche Gefahr sich an diese rothen Gesellen knüpft, die man so gern auf dem Tisch vor sich hat. Wer fragt lange nach dem Woher der Dinge?

Nachts saß ich denn müde in der Krone, einer guten, echt vlämischen Schenkstube. Das Buffet, rückwärts mit Spiegeln belegt, glänzt wie ein Schmuckkästchen, und da stehen Cognac und Genevre und zehn andere „sterke Dranken", alle in plattirten Kübeln und frischem Wasser. Ueber dem Buffet verwahrt ein Schrank die weißen Thonpfeifen der Stammgäste. Der Fußboden ist mit weißem Meeressand bestreut, auf jedem Tisch steht ein plattirtes Gefäß mit glühender Kohlenasche zum Anzünden der Pfeifen, unter jedem Tisch ein Spucknapf. Wehe dem, welcher seitwärts spucken, die Cigarre wegwerfen oder die Pfeife ausklopfen wollte. Er bekäme von Mejuffer (Mademoiselle) gar unfreundliche Blicke!

Zwei Flaschen von Alsop's Pale-Ale, dem besten Biere, das ich kenne, sind getrunken, ein paar Cigarren dazu geraucht. Doch wie stürmt es draußen! Wie heult der Wind! Noch einmal treibt es mich zur Düne.

Nacht, Nacht, Nacht! Der Himmel ist bedeckt, kein Mondlicht, kein Stern am Himmel. Nichts ist zu hören als der dumpfe Lärm der Brandung, nichts zu sehen als der phosphorische Schimmer, mit welchem dann und wann die Woge aufleuchtet.

Da kommt ein grellrothes Licht daher, bald hoch oben, bald tief unten; es ist ein Kahn mit einer aufgesteckten Fackel, Fischer kehren vom Fischfang heim. Arme Leute!

Ich blieb fast eine Woche in Ostende. Morgens ein Bad in der Brandung, dann ein Diner mit Seefischen, abends ein Spaziergang im Sand der Dünen oder eine Fahrt im Kahn — so vergingen die Tage, ohne daß ich Menschen suchte oder nöthig hatte, wie im Traum.

Inzwischen schmückt sich die Stadt. Man hat die eine halbe Stunde lange Hauptstraße mit einer Doppelreihe schmucker Fichten bepflanzt, von deren Wipfeln Fahnen und Blumenguirlanden herabwallen; ein ganzer Jungwald hat dazu fallen müssen, und wie lange hat das hier gedauert, bis er aufwuchs! Eine, zwei Triumphpforten werden erbaut, von ihrer Höhe sowohl wie aus allen Fenstern flattern Banner, die alten Farben von Brabant, roth, gelb, schwarz, senkrecht übereinander gesetzt. Auf dem Mittelpunkt der Digue wird ein Altar errichtet. Wozu dies Alles? Morgen findet, wie alljährlich, eine solenne Feier, die bénediction de la mer, die Einsegnung des Meeres, statt, diesmal besonders splendid, weil sie vom neuen Bischof von Brügge vorgenommen wird.

Die Einsegnung des Meeres, damit der Fischfang sich lohne, das Bad heilsam werde, der Sturm weniger Menschenleben fordere! Wohl eine ganz eigenthümliche Feier. Die Kirche ist überall, sie beherrscht das ganze Menschenleben. Sie nimmt das kaum geborene Kind in die Arme, läßt es Salz kosten und die Werke des Teufels abschwören, sie segnet den Bund der Liebenden, sie bettet den Menschen ins Grab, ja sie segnet Glocken, Brücken, Locomotiven. Das Alles entspricht vielleicht menschlichen Vorstellungen. Aber Weihwasser in den Ocean sprengen, damit er in diesem Jahre seinen Zorn bändige, ihm das Kreuz zeigen, damit er den Menschen geduldig auf dem Rücken trage, diese Segnung und Beschwörung eines Elements, einer großen, unbändigen Naturmacht war eine mir neue Manifestation klerikalen Hochmuths. Sie mag im Sinne der Schrift sein, mir erschien sie widerlich und unverschämt.

Der Bischof ist angelangt, die Processionen nahen von allen Seiten. Ich verlasse Ostende.

# Meerfahrt.

Die Abfahrtsstunde des schottischen Dampfers war herangekommen.

Ein ungeheures Schiff, wie es schien, zuvörderst für den Transport von Waaren berechnet, lag vor den Docks und wurde bereits geheizt. Die letzten Passagiere haben sich eingefunden, Alles harrt der Abfahrt, doch noch immer knarren die Hebelbäume und die ungeheuren Waarenballen versinken in den geöffneten Bauch des Schiffes. Die Ketten rasseln, die Winden knarren, der eintönige Ruf der Dockarbeiter, mit dem sie die Seile anziehen, tönt dazwischen.

Endlich — die versinkende Sonne röthete bereits das Meer — war der letzte Waarenballen im Bauch des Fahrzeugs verschwunden. Die Glocke erklingt, die Seile werden losgebunden — wir stoßen ins Weite. Herrlicher Eindruck, wenn die Schaufelräder eingreifen, die Wellen hoch aufspritzen und die Küste sich allmälig dem Auge entzieht! Eine Zeit lang ist noch der Leuchtthurm mit seinen „revolving lights" sichtbar, dann verschwinden auch sie und man befindet sich in der Wüste der Gewässer. Linde, lauwarme Sommernacht; ein mäßiger Windhauch streicht durch das Takelwerk und kräuselt die Wellen, in der Ferne erscheint von Zeit zu Zeit ein schwaches Wetterleuchten, doch rein und klar steht der Mond am Himmel. An das Bugspriet gelehnt, möchte man ewig stehen und hinabstarren. Welche seltsame Musik des Wassers, welches Spiel der Wellen, so monoton und doch immer neu, das Ganze so gleich einem lebenden Wesen und doch so unbegreiflich theilnahmlos und unnahbar fremd!

Ich gehöre zu den Glücklichen, die stundenlang vom Bugspriet hinab in die aufgeregte Tiefe sehen und sich an der schaukelnden Bewegung des Schiffs von Herzen er= laben können, ohne befürchten zu müssen, daß der Schwin= del sie krank mache. Die Seekrankheit, dieses greuliche Uebel, das so Manchem die Freude der Seefahrt verleidet, ist für mich nicht vorhanden. Deshalb gehört es auch zu meinen fixen Ideen, daß das Meer mir wohl will uud mir nie ein Leid anthun wird.

Und so blieb ich denn ruhig auf dem Verdeck, indeß bei immer höher gehender See die Damen alle und die Mehrzahl der Herren sich krank in die Kajüten und ihre Betten gezogen hatten. Das Verdeck, vor einigen Stun= ben so belebt, war öde und traurig. Eine Familie von

Schotten, Mann, Frau, Kinder, darunter ein armer kleiner Junge auf Krücken, lag in ihre Plaids einge=
wickelt um die Maschine herum und schlief oder suchte zu schlafen.

Eine graue, düstere Nacht! Die Brust des Meeres wird allmälig schwer beklemmt, die Temperatur ändert sich plötzlich, scharfe Windstöße fallen ein. Es rauscht und rauscht in einem fort, nur zeitweilig unterbricht ein Gekrach des Steuerruders dies eintönige Lärmen. Alles Leben ruht! Nur der Kapitän geht mit festgebundenem Hute, beide Hände in den Taschen, auf der Brücke zwi=
schen den Radkasten hin und her, der Steuermann, auf=
merksam dem Rufe, der ihm von Zeit zu Zeit zukommt, lehnt hinter seinem Rade und blickt unverwandten Auges auf die Compaßscheibe, deren Fenster er von Zeit zu Zeit abwischt, um klar zu sehen, denn wir passiren eben be=
sonders ungünstige Stellen des Kanals.

Außer mir waren nur zwei Reisende, Engländer, wach und gesund geblieben und zogen wie ich die Bewe=
gung im Freien dem Schlafe in der gesperrten Luft der Cabinen vor. Beide kamen an mich heran, um deutsche Redeübungen zu halten. Aber wer möchte sich wohl dazu hergeben, über german politics zu debattiren, indeß jede heranrollende Welle, mit majestätischem Donnergesange herankommend und verschwindend, die Seele für das

höchste, hehrste Empfinden erweitert und eine Stimmung weckt, wie man sie im Gewohnheitsleben jahrelang nicht wieder findet.

Nacht! Da liegt die Wasserwüste, das wilde, rastlose Meer, nicht eben drohend, aber in großartiger Bewegung. Aus den Wogen tönt etwas herauf, was so erhaben klingt wie ein Finale einer Beethoven'schen Symphonie. Es liegt in diesem Rauschen kein Zorn gegen das Schiff, kein Zorn des Elements gegen den Menschen, das Meer ist mit sich beschäftigt und kämpft, wie eine große Menschennatur, einsam in der Nacht allein auf sich hingewiesen, den Kampf seiner Gefühle durch! .Nacht! Jede schwarze Welle trägt ihren weißen funkelnden Kamm, der sich endlos hinzieht, aber rastlos arbeitet die Maschine, selbst wieder in sich wie eine Welt, und durchschneidet die breitesten Wogenberge. Wie seltsam wirbelt der Rauch aus dem Schlot, wie sprühen die Funken heraus, wie glüht es auf aus der Tiefe, als säße der gefangene Feuerkönig da unten! Mensch, sauge die Seltsamkeit dieses Augenblicks recht tief in deine Seele, denn nur zu bald wirst du zum gewöhnlichen Getriebe des Tages, zu Büchern und Papier zurückkehren müssen!

Ein Matrose saß indeß, mit dem Einreffen des Segels beschäftigt, im Takelwerk und sang. Er sang ein Lied, das mich in tiefster Seele bewegte, das Lied:

> Should old acquaintance be forgot
> And never brought to mind?

Wie oft hatte ich es als Kind gehört, eine Erinnerung aus dem Heimatlande meiner Mutter. Nun vernahm ich's zum ersten Male aus einem andern Munde, als ersten Gruß aus Schottland.

Träge schaukelte sich der Matrose in den Seilen wie ein Knabe im Hängenetz, Strophe um Strophe seines melancholischen Liedes hallte in die Einsamkeit der Wasser hinaus und mischte sich mit den Orchestergängen der Wogen. Endlich kommt er herab. Durch die immer stärker werdende Bewegung des Schiffes beunruhigt, richte ich die Frage an ihn: „Werden wir keinen Sturm bekommen?"

Keine Antwort.

„Wann können wir morgen in Hull sein?"

Er schwieg abermals und ich wiederholte meine Frage ebenso vergeblich.

Ich erhielt erst später die Erklärung dieses seltsamen Benehmens. Der englische Seemann hat es nicht gern, daß man Fragen an ihn stellt, und antwortet nur unwillig. Das ist nicht einzig und allein Folge seines störrischen, harten angelsächsischen Naturells. Viele Fragen und viele Aeußerungen sind auf dem Schiffe durchaus verpönt. Man darf nicht sagen, daß man bisher eine glückliche

Reise gemacht hat, und darf nicht fragen, an welchem Tage und zu welcher Stunde man im Hafen ankommen werde. Jede Bemerkung über das Wetter, das Schiff, das Meer und Alles, was darin, ist unerlaubt. Böse Geister hören dies Gerede und gerathen in Zorn darüber. Ebenso ist es unpassend, zu pfeifen, wenn der Wind geht, und wer es thut, wird kurz, wo nicht gar barsch abgefertigt. Um böse Geister fern zu halten, ist auf Segelschiffen ein Hufeisen an den Mittelmast genagelt — kurz, diese auf dem unendlichen Wasser schwimmende Nußschale ist voll Aberglauben.

Als ich nach einem bleiernen Schlaf erwachte, der mich gegen Morgen auf den Polstern der Kajüte befallen, war es heller, prächtiger Tag und nahe um die Mittagszeit. Das stürmische Wetter der Nacht, das uns mitten im Sommer mit Novemberkälte anhauchte, hatte sich ausgetobt, der Himmel war rein von Wolken und hellblau. Das Meer glich einem blanken, silberglänzenden Spiegel, ruhig und harmlos von Aussehen, wie ein Landsee, den man im kleinsten Kahn hätte durchschneiden mögen. In der blauen Flut tummelten sich Delphine in ganzen Schaaren, kollerten übereinander in närrischen Sprüngen, bliesen Wasserstrahlen empor und schienen dem Schiffe zu folgen. Man sah deutlich die schwarze Zeichnung auf dem Rücken und ihre langgestreckten

Schnauzen. Ihre Bewegungen mit den aufgeschnellten Schwanzflossen hatten etwas höchst Groteskes. Es begreift sich leicht, wie sich aus diesen gesellig lebenden und scheinbar so gutmüthigen Inwohnern des Meeres der mythische Delphin herausbilden konnte, der Warner der Seefahrer, der menschenfreundliche, musikliebende Gespiele der Amphitrite, der einst den Knaben Telemach auf seinem Rücken, ja sogar den Sänger Arion gerettet.

Als es Abend ward, sahen wir in großen, anmuthigen Linien die englische Küste unfern Yarmuth herantreten. Weiter und weiter ging es, und da die Schaufelräder ohne viel Widerstand arbeiten konnten, waren wir mit Einbruch der Nacht in Hull. Von dort benutzte ich die Eisenbahn, die über York, die uralte Stadt, nach Glasgow führt.

# Glasgow.

Denjenigen, der seinen geographischen Schulkenntnissen nicht im Laufe der Jahre wieder gehörig nachgeholfen, überrascht es sicher, wenn er über Glasgow an Ort und Stelle belehrt wird und erfährt, daß die Stadt mit Berlin und Petersburg in einem Range steht. Glasgow ist eben unter allen Städten Europas die, welche am raschesten gewachsen. Ein vor zweihundert Jahren kaum bekannter Ort von achttausend Seelen ist jetzt ein Weltmarkt mit bald einer halben Million Einwohnern. So mächtig hat durch die Kanalbauten, die Schienenwege und die Schiffbarmachung der Clyde der betriebsame Volksgeist die Stadt gehoben.

Die Wiege der Dampfkraft! Hier begann vor beinahe einem Jahrhundert James Watt die Reihe von Experimenten, welche den neuen Motor in die Welt einführten. Hier, in dieser selben Clyde, ließ Henry Bell das erste Dampfschiff vom Stapel. Auch hier kann man die Worte anwenden: „Suchst du sein Denkmal, Wanderer?

Sieh dich um!" Was da ist, geht mittelbar von James Watt aus.

Es ist eine großartige Metropole. Die prächtigen Hauptstraßen weisen Palast neben Palast auf, über den breiten Strom strecken sich Brücken von Eisen und von Granit, sämmtlich länger als Londonbridge. Hier hat die Stadt Aehnlichkeit mit Paris im Seinequartier. Im Hafen aber, dem broomielaw, den breite Quais einsäumen, liegt Schiff an Schiff. Da ankern in drei= und vierfachen Reihen die verschiedensten Fahrzeuge, die schwersten Ost= und Westindienfahrer, Australier und Amerikaner. Alle Docks und Quais sind neuen Ursprungs. Wo hier die Bassins Schiffe vom größten Tiefgang hereinlassen, sind noch vor Menschengedenken kleine Jungen durchs Wasser gewatet. Nach allen Seiten und bis an das Meer dehnen sich Vorstädte mit zahllosen Fabrikgebäuden. In den Baumwollspinnereien drehen sich täglich an zwei Millionen Spindeln, die Tuchfabriken liefern des Tages an 625,000 Ellen Tuch, und schon beginnt diese beiden Industriezweige ein dritter, die Eisenindustrie die noch kolossalere Formen annimmt, in den Schatten zu stellen.

Es ist Sonntag, die Schornsteine rauchen nicht, und doch ist der Himmel wenig gelichtet, trüb und dunstig. Feierliche Stille herrscht, zeitweise nur vom Geläut der

Glocken unterbrochen. In der Buchananstreet, welche sonst in den zwölf Tagesstunden von sechshundert Omnibussen passirt wird, ist weder Wagen noch Pferd zu sehen. Diejenigen, welche die Schrecknisse eines englischen Sabbaths kennen, wissen darum noch nicht, was ein schottischer Sonntag zu bedeuten hat. Alle Kaufläden, selbst Eßwaaren- und Einläden sind geschlossen, die Vorhänge an den Fenstern herabgelassen. Kein Bäcker bäckt, kein Postbote eilt mit Briefen, die Straßenecken sind annoncenleer. Zwei Menschenströme wandeln in jeder Straße hin. Ihr Ziel ist die Kirche. Mit bedächtigen Schritten, gesenkten Auges, im schwarzen zugeknöpften Rock, mit weißer Binde, schreitet der Hausvater voran, Gattin und Familie folgen hinterher. Lauter Leute mit nüchternem, praktischem, gelb- und tugendstolzem, jeder Ueberschwänglichkeit barem Gesichtsausdruck, methodisch in Anzug, Gang und Haltung, betreiben sie selbst die Frömmigkeit geschäftsmäßig. Ihr eigenstes Wesen ist Pünktlichkeit.

Der allgemeine Zug der Frommen weckt auch in mir die Neugier, irgend einem Gottesdienst beizuwohnen, aber wo möglich einem absonderlichen. Ich wende mich an den Oberkellner, einen Franzosen.

„Monsieur", frage ich ihn, „gibt es hier außer den Presbyterianern und Methodisten noch viel andere Sekten?"

„Sekten von allen Farben, Monsieur, Sekten nach Auswahl und Belieben. Il y a ici plus de vingt religions, toutes plus ou moins comiques. Quant à moi, je n'en tourmente aucune."

„Und was verstehen Sie unter komischen Religionen?"

„O mon dieu, Monsieur, komisch sind die Quäker, welche es für sündlich halten, vor einem Menschen den Hut abzunehmen oder ihn mit Herr° anzureden, dann die, welche zu bestimmten Stunden Visionen haben, oder die, welche beim Gottesdienst sich schütteln, weil David vor der Bundeslade einen pas unique aufgeführt haben soll."

„Und wo stecken diese Leute? Wo versammeln sie sich? Wo findet man sie?"

„Monsieur", erwiderte der sanftlächelnde Kellner, „der Franzose ist ein Sohn Voltaire's, der kümmert sich um derlei Narren nicht im geringsten."

Er ging hinaus.

Meine angeregte Neugier ließ mich nun an eine untergeordnetere Persönlichkeit dieselbe Frage richten. Diese Persönlichkeit meinte, zu den religiösen Versammlungen der Shakers zu gelangen, sei unmöglich, sie fänden in Privathäusern statt und nur legitimirte Glaubensgenossen erlangten Zutritt, ebenso hielten die Swedenborgianer sich verborgen, aber die Kapelle der Quäker sei unweit. Ich erhielt die Adresse und machte mich ungesäumt auf den Weg. Ein junger Oesterreicher schloß sich mir an.

Es war troß der Angabe nicht leicht, das Ziel zu finden. Die Quäker verschmähen die Kirchen, die Häuser mit Glockenthürmen, wie sie sie nennen; hohe Mauern, kunstvolle Portale, prächtige Hallen sind ihnen ein Greuel, denn sie sind das Werk menschlichen Hochmuths. Um ihren Gott in Demuth zu verehren, ist ihnen das einfachste Zimmer am entlegenen Orte das liebste.

Nach vielem Fragen kamen wir doch auf die rechte Spur. Man zeigte uns in einem öden Gäßchen ein einfaches Haus. Wir gingen über den Hofraum, der mit einem Garten verziert und von hohen Lindenbäumen beschattet war, und wurden von einem alten Mann, der unsere Schritte und Stimmen gehört hatte und uns freundlich entgegengekommen war, in ein Zimmer gewiesen, wo auf einfachen Bänken eine Versammlung von siebzig bis achtzig Menschen zusammensaß.

Wir waren in der Kapelle der Quäker.

Kein Altar, kein Crucifix, kein Bild! Eine Stube mit weißgetünchten Wänden und mehreren Reihen Bänken. Von der Decke hängt eine Lampe herab, die anzeigt, daß die Versammlungen bis in den Abend hinein zu dauern pflegen. Die Männer sind alle schwarz

gekleidet, im Frack und mit weißer Halsbinde, sie haben
den breitkrempigen Hut auf dem Kopfe; die Frauen
tragen graue Kleider, grauseidene Tücher und einen
grauen Hut von altmodischer Form, ohne Zuthat von
Bändern oder Blumen. Manche unter ihnen waren jung
und nicht eben häßlich. Arme Kinder, die sich nie an
Tanz, Theater, Musik, an Bändern und Putz erfreuen
dürfen! Sie thaten mir leid! Für sie ist die Schönheit des
Lebens kaum vorhanden!

Drei Bänke, die letzten, waren den übrigen ent=
gegengekehrt; auf ihnen saßen diejenigen Mitglieder, welche
erwarteten, daß der Geist über sie kommen werde. Es
waren ihrer vier, eine alte Dame und drei alte Herren.
Die Physiognomien von zwei dieser alten Herren werde
ich nie vergessen; der eine glich einem betrübten Papagai,
der andere einem jener gelehrten Hasen, die man zu aller=
lei Künsten abgerichtet hat.

Alles schwieg und saß regungslos auf den Bänken.
Kein Gebet= oder Gesangbuch lag aufgeschlagen; die
Frommen waren in Betrachtung ihres Selbst versunken.
Manchmal schneuzte sich einer oder nieste einer, und
dies war ein Ereigniß. Dann trat wieder die feierliche
Stille der Selbstbeschauung ein.

Als dieses Schweigen wohl eine volle Stunde ge=
dauert hatte, ward es mir peinlich. Auch überkam mich

von dem Augenblicke an, als ich herausgefunden hatte, wem die beiden alten Männer auf den uns zugekehrten Bänken ähnlich sähen, von Zeit zu Zeit die Lust zu lachen, die zu unterdrücken mir große Mühe machte.

Abermals war eine halbe Stunde vergangen und ich sann schon darauf, mich auf anständige Weise zu drücken, da zuckte es um den Mund des Mannes, der dem gelehrten Hasen ähnlich sah, er räusperte sich, erhob sich und begann zu sprechen. Der Geist war über ihn gekommen.

Mit wehmüthiger gedehnter Stimme und in einer Sprache voll absichtlicher Archaismen begann er, wie der Herr nicht gelobt werden könne durch Gesang und kirchlichen Prunk, sondern einzig durch gute Werke. Der Weinstock preise den Herrn, insofern er hervorbringe viel Frucht, ebenso preise der Mensch Gott, indem er lebe friedlich und nach dem Willen Gottes. Mit Adam seien wir Alle dem Bösen verfallen, aber durch Christus, der für Alle gestorben, seien wir Alle wiedergeboren worden und jeder Mensch ein neues Geschöpf. Durch Christus können wir zum vollendeten Wissen und zur reinsten Tugend gelangen, wir können rein werden wie er selbst. Die Macht, sich zu reinigen, liege im Herzen eines Jeden. Die innere Offenbarung, wie sie in Fox, dem Stifter ihrer Lehre, dem ehemaligen armen Schustergesellen, gewohnt, begnade fortan noch Jeden, der sich nach Gott von ganzem Herzen sehne. Sie zeige Jedem Mittel und Wege an, sich zu erneuern, damit er ein neues Geschöpf werde.

Um so viel und nicht mehr zu erfahren, hätte man eigentlich nicht so lange warten sollen. Es hätte eigentlich zum Vertrag solcher Banalitäten auch keiner wirklichen Erleuchtung bedurft. Ein dürrer Deismus mit etwas mystischer Hülle! Gar nicht komisch, recht traurig erschien mir diese Religion. Wir schlichen, als der alte Gentleman seine Rede geschlossen, leise zur Thür, denn eine Erleuchtung der Andern war nach unsern bereits gemachten Erfahrungen sobald nicht zu erwarten.

Als wir draußen waren, lächelte mein junger Landsmann. „Was sagen Sie zu dem braven Alten?" fragte er. „Ferdinand Raimund läßt in einer seiner Possen, nachdem ein Geist aufgetreten, eine seiner Personen sagen: «Ein rarer Herr, aber fad!»"

Ich konnte ihm nicht so ganz Unrecht geben.

Es mochte gegen ein Uhr sein, als wir aus unserer Haft frei geworden waren. Noch sprachen wir unsere Verwunderung darüber aus, daß wir heute in dem ganzen Strom von Kirchengängern, die wir durchmustert, so wenig vom eigentlichen Volk gesehen, und schon sollten wir erfahren, wie es sich mit der religiösen Erbauung der untern

Klaſſen verhalte. Wir waren in eine breite, aber recht unheimliche Straße hineingerathen. Sie war mit einer zerlumpten Bevölkerung dicht, wie zum Erſticken, angefüllt. Tauſende von abgemergelten Geſtalten beiderlei Geſchlechts ſtanden da, finſter blickend, unthätig lungernd, als ob ſie etwas erwarteten. Wir wagten nicht zu fragen, ob ſie broblose Arbeiter irgend welcher außer Gang gekommener Fabriken oder etwas Anderes ſeien. Die Männer hatten ihren abgetragenen Rock bis an den Hals zugeknöpft, als ob die wenigſten ein ganzes Hemd darunter hätten. Die Weiber, alle in Hut und Shawl, aber in welchem Hut und welchem Shawl! waren noch unheimlicher. Bleiche Geſichter mit rothen Triefaugen, tiefgezogenen Falten, Spuren von Pocken und noch ekelern Krankheiten, Opfer der Fabrikarbeit und jeglicher Verkommenheit, waren ſie ſcheußlich anzuſehen! Kinder in undenkbaren Lumpen belagerten uns bald mit lautem Geſchrei; es bedurfte großen Tributs, um ſich loszukaufen. Uns ward unheimlich zu Muthe. Weder in herabgekommenen italieniſchen Städten, noch daheim in den ärgſten Vorſtadtswinkeln war uns Aehnliches vorgekommen. Alles, was wir dort geſehen von Armuth, Schmuz, Verwahrloſung, Verwilderung, war hier hundertfach, tauſendfach überboten! Wir ſuchten durch eine Seitengaſſe zu entkommen. Umſonſt. Ein wogender Knäuel von

Menschen schob uns vorwärts. Jetzt stand er still. Auf einen Eckstein war ein methodistischer Geistlicher hinaufgetreten, um zu predigen, denen zu predigen, die erstlich wegen Mangel eines halbwegs anständigen Gewandes keine Kirche besuchen können, dann, weil für sie hier, in einem Lande, wo alle Kirchenstühle bezahlt werden, kein Raum ist. Seltsam! Da standen sie wie die Aussätzigen der orientalischen Welt, wie die mit dem Interdict Belegten des Mittelalters, wie die Cagots Spaniens! Die Weiber sämmtlich in Lumpen — welcher Anblick! Eine säugte ihr Kind, eine andere gab ihm aus ihrer Branntweinflasche zu trinken, eine dritte kämmte, indeß sie zuhörte, ihrer Tochter die Haare. Daneben balgten sich Jungen um Garneelen (Seespinnen) und zogen sich an den Haarschöpfen herum. Den Prediger störte es nicht; er mochte es gewohnt sein. Von den Männern waren einige gleichgültig, andere aufmerksam. Als der Prediger, der schwarze Kleidung, sonst aber kein Abzeichen seines Amtes trug, nach beendigter Rede seinen Zuhörern vorschlug, ein geistliches Lied anzustimmen, das er angeben würde, fiel die Hälfte der Anwesenden ein. Einzelne entfernten sich schimpfend.

Einen Blick in die Proletariatswelt Großbritanniens zu thun, gehört nicht zu den angenehmen Dingen, wir entfernten uns in ernster Stimmung.

„Und was gibt es jetzt noch Merkwürdiges in Glasgow zu sehen?" fragte ich meinen Franzosen, als ich wieder am Hotel vorbeikam.

„Jedenfalls müssen Sie die Nekropolis besuchen", erwiderte er. „Die läßt kein Reisender unbesucht. Sie ist der Stolz Glasglows und schön, wenn ein Kirchhof überhaupt schön sein kann."

Und so stieg ich, während die untergehende Sonne den Horizont in eine tiefbrennende Glut tauchte, den Berg hinan. Ein enger Weg führt zu einer Brücke, die man die Seufzerbrücke (bridge of sighs) nennt, und von da in den Garten der Todten. Den Namen Nekropolis verdient er, denn er ist eine ganze Stadt, eine Stadt der Todten, über die Stadt der Lebenden hinaufgebaut. Was die Lage anbelangt, kann er sich getrost mit dem Père-Lachaise messen. Die Nekropolis liegt auf einem felsigen Plateau thurmhoch über der Stadt, der Blick ist von großer Schönheit. Vorn erhebt sich die alte, schwarze, massive Kathedrale, dahinter liegt die Stadt mit ihren zahllosen hohen Schornsteinen, durchschnitten von der schiffebeladenen Clyde; ein Kreis grüner Berge, die Anhöhen von Argyleshire, Lanarkshire und Dumbarton, umgibt sie.

Auch der Wald von Monumenten, auf welche alte Knox finster von hoher Säule herabsieht, stellt diesen

Friedhof dem berühmten Pariser an die Seite. Aber eins fehlt ihm, was dieser hat: das geistige Element, die Poesie. Im Père-Lachaise findet Jeder, woher er auch komme, Gräber, vor denen er lange sinnend verweilt. Bernardin de St.-Pierre, Racine, Beaumarchais, Molière, Chopin, Bohelbieu, Börne, Musset, Balzac, die Rachel — welche Erinnerungen! welche immortellenbekränzten Namen! Hier trauert die Cypresse nur am Sarkophage tugendhafter Baumwollenspinner, Tabakhändler und Maschinenfabrikanten, welche nebenbei ebenso treue Gatten als liebende Väter waren. Tafeln mit Bibelsprüchen und frommen Versen, wie auch nicht minder mit Abrissen ihres Lebens und ihrer Profile versehen, verheißen allen gleichmäßig eine fröhliche Auferstehung. Die englische Sculptur, an Erfindung arm, hat beinahe jedes Monument im dichten Monumentenwalde mit dem traditionellen Aschenkrug versehen, der ebenso gut eine Wasserkanne sein könnte, über die ein feuchtes Handtuch aus Stein schwerfällig und melancholisch herabhängt, und so scheint es, als ob sich die Trefflichen am Auferstehungstage zuerst waschen und dann reinlich abtrocknen sollten, um vor dem ewigen Richter zu erscheinen.

Eine solche Ceremonie und solcher Vorgang möchten wohl auch nicht ganz ungerechtfertigt sein. Wie reinlich auch diese vornehmen Todten ihren Leib und ihre Leibwäsche gehalten haben mögen, sie waren doch eigentlich nur Sklavenhalter unter anderem Namen, und es ist wahrscheinlich, daß das viele Silber, das sie fortwährend im Kopfe zählten, auch ihre Seele mit einer häßlichen Farbe imprägnirte.

## Zu den Seen.

Ein grauer Himmel hängt tief herab, ein dicker, erstickender Nebel füllt die Atmosphäre und fällt als feiner Regen auf das Pflaster nieder. Die Sonne steht wie eine blasse Scheibe, dem Monde ähnlich, über den Häusern, der Rauch kann nicht in die Höhe aus den vielen, vielen Schloten. Dessenungeachtet begrüßen sich die Schotten mit der Redeformel: „A fine day, sir!" Nun, wie man's nimmt.

Auf einem Dampfer, der den Omnibusdienst bis Dumbarton versieht, verlasse ich das graue, ernste Glasgow. Mit bewundernswürdigem Geschick findet der Steuermann seinen Weg durch das Gedränge von Schiffen, das auf Stundenweite die Clyde zu sperren scheint. Er macht sich den Spaß, ganz knapp an den befreundeten Dampfern, die ihm begegnen, vorüberzuschneiden, und setzt über die Taue weg, an welchen die Baggerungsmaschinen ankern. Stößt er auf ein Schiff, das denselben Weg macht, so gibt der Kapitän Befehl, die Kraft der Maschine zu steigern. „Nun gibt's ein Wettrennen", heißt es unter den Passagieren, sie häufen sich auf der Seite, wo man die Räder der beiden Schiffe dicht nebeneinander arbeiten sieht; ob was dabei passirt, hat nicht viel zu bedeuten, wenn nur unser Kapitän den von der Concurrenzcompagnie aussticht. Unser Schiff bewährt sich trefflich, wir kommen nicht nur als Sieger, sondern auch mit heiler Haut davon.

Dumbartonrock zeigt sich, ein mächtig hoher, ganz isolirter Basaltkegel, der nur zum kleinsten Theil mit dem Lande zusammenhängt, senkrecht emporsteigt und seine jähen Wände dem Strom zukehrt, welcher sich hier mächtig erweitert. Dumbartonrock ist wie ein Riesenbackzahn in der Mitte getheilt und trägt in seiner Senkung ein weithingedehntes Castell, während von beiden Gipfeln beflaggte Zinnen herabschauen. Näher kommend sieht man die in den Fels gehauenen Treppen sich mühsam hinanwinden. Das alte Schloß, an das sich so viel schottische Geschichte knüpft, ist bis in die letzte Zeit in der Erinnerung der Welt geblieben, denn hierher wollte man zuerst Napoleon gefangen setzen.

In einem Dorfe, Ballogh, werde ich zuerst den Loch-Lomond gewahr. Er ist tief, aber so klar, daß man den grünen Wasserpflanzenteppich unten deutlich erkennt. Buchenwälder, von einer nie verschwindenden Nebelmasse befeuchtet und frisch gehalten, steigen rings um ihn auf. Ueber diese Wälder blicken baumlose, aber grüne Kegel herüber, welche fortwährend seltsam schillern, weil sie mit hohem Farrenkraut bedeckt sind, in welchem die Winde wühlen. Immer heller tritt die Morgensonne am Himmel hervor, die fernsten Umrisse werden sichtbar.

Wir besteigen abermals einen Dampfer. Die ersten Anklänge an altes, verschollenes schottisches Leben treten uns entgegen. Ein Dudelsackbläser lehnt am Kamine und bewillkommt uns mit dem Pibroch der Campbells. Ein paar junge Leute tragen schottische Tracht: die Mütze mit der Adlerfeder, den Spenser, den carrirten Plaid, der mit einer silbernen Spange auf der linken Schulter befestigt ist, den Kilt, der bis an die Kniee reicht, Schnallenschuhe und rothgewürfelte, mit Bandschleifen gezierte Strümpfe. Eine schöne Tracht, die aber auf uns Kinder des neunzehnten Jahrhunderts wie ein Maskenanzug wirkt.

Der Ben-Lomond beherrscht mit seinem kahlen Gipfel die Aussicht. Er ist nach dem Ben-Nevis, welcher viertausend und einige Fuß zählt, der höchste Berg in den drei Königreichen. Die Aussicht von seiner Spitze soll überaus großartig sein. Während sich im Süden und Westen eine Unzahl See- oder vielmehr Meereseinschnitte wie Spiegel ausbreiten und man die Inseln Arran und

Bute, ja sogar die irische Küste sieht, thürmen sich im Norden die Gebirge in zusammenhängenden Massen auf. Man hat einen Blick in das Land, welches in der Phantasie bis heute König Macbeth beherrscht.

Ein ganzer Archipel kleiner Eilande taucht allmälig aus dem Loch-Lomond hervor. Man zählt deren an dreißig. Manche sind parkähnlich bewaldet, andere kahl und werden als Schafweiden benutzt. Ihre Namen sind sämmtlich gälisch. Die größte der Inseln heißt Inchlovanah, die „Insel der zwei Weiber".

Der Volksmund behauptet, man habe noch vor hundert Jahren kleine Inseln auf dem See gesehen, welche den Platz verändert hätten. War eine optische Täuschung dahinter? Denkbar wäre es, daß die Recken der alten Zeit große Flöße hinterlassen hätten, welche sich im Laufe der Jahre mit Rasen und einer ganzen Vegetation bekleideten. Heutzutage sind sie verschwunden.

Der eigenthümliche Reiz des Loch-Lomond ist ein meteorologischer, und so ist es im ganzen schottischen Hochland. Die plötzlichen Uebergänge von Sonnenschein und Regenschauer bewirken magische Effecte. Die Wolken sind in ununterbrochener Bewegung. Jetzt blickt noch der hellste Sonnenschein auf die hellgrünen Laubwaldkuppeln, einige Minuten darauf umzieht sich Alles, schwere Nebelmassen fahren chaotisch durcheinander, der Regen prasselt nieder, man sieht die nächsten Gegenstände nicht mehr. Doch das dauert nicht lange, das Grau zertheilt sich, silberne Schimmer laufen über Wasser und Land, der Glanz des Tages ist wieder da. Wenn Ossian von einer schönen Jungfrau sagt, sie sei wie der Sonnenstrahl, fühlt man, wie ihm die Natur selbst dies Gleichniß eingab.

Am andern Morgen ging es über die Berge nach Inverarh. Wir hatten den Loch=Long passirt und wanderten eine steil aufsteigende Straße hinan. Breite Gebirgsketten thürmen sich zu beiden Seiten, manche von der seltsamsten Formation. Mit jäh abschießenden Wänden steigt der Cobler auf, in der Gestalt eines sitzenden Mannes mit gesenktem Kopfe. Wasserstürze rauschen nieder, die Chaussee sucht über Brücken und in mühsamen Windungen ihren Weg. Nirgends ein Haus in der Einöde, soweit das Auge blickt; kein Mensch zu sehen. Aber hier und dort grasen Heerden schwarzer Schafe zwischen den Felsen und setzen sich in wildem Galopp, wie sie den Wanderer gewahr werden.

Wir werfen uns zwischen das Farrenkraut nieder. Etwas Haidekraut, etwas Moos, etwas Schafgarbe, etwas Brombeergebüsch bildet die Vegetation umher. Die Erdspinne kriecht geschäftig über die Gräser, eine Biene in ihrem Kleide von schwarzem und gelbem Sammt summt zwischen den gefächerten Blättern des Farren=

krauts, jetzt fliegt ein kleiner brauner Mooslandsvogel auf. Dann wird Alles wieder still, und die Nebelmassen, manchmal von einem Lichtschimmer gestreift, jagen vorüber.

Endlich ist die Höhe erreicht. Eine großartige, aber traurige Natur, die in ihrem Charakter an die Gegend um Andermatt und die Teufelsbrücke erinnert, umgibt uns. Zwischen grauen, kalten, ganz unbewachsenen Klippen liegt ein schwarzer See, in welchem sich die Wolken grell abspiegeln. Von dieser Wasserscheide rauschen Quellen nach entgegengesetzten Seiten der Tiefe zu.

Eine Inschrift auf granitener Tafel preist hier die Tapferkeit des 36. Regiments und dessen Erfolge im Jahre 1692. Blutige Kämpfe mögen in dieser Gegend stattgefunden haben, bis man die Clane zwang, die Waffen abzulegen und Bürgschaften des Friedens zu leisten. Die Raubzüge der Hochländer waren unerträglich geworden, es blieb nichts weiter übrig, als Militärstraßen zu bauen, Forts anzulegen, die Schlupfwinkel zu säubern. Die Lehnsleute wurden der Pflicht entbunden, die Fehden ihres Lehnsherrn auszufechten, alle Clanverhältnisse aufgelöst. Diese Maßregeln waren nothwendig, aber sie nährten nur den Groll und die Erbitterung; der Aufstand von 1745, vom katholischen Auslande unterstützt, war die Folge davon. Erst 1747, nach dem unglücklichen

Ausgang der Rebellion und der Flucht Eduard Stuart's, konnte Ruhe geschafft werden. Die alte Clanverfassung wurde in ihren letzten Resten aufgehoben, die Adelsherrschaft hatte ein Ende.

Wir waren rasch die Bergstraße hinabgeschritten. Eine mildere Gegend erschien und herrlich im Golde des Sonnenuntergangs trat Loch-Fine, ein anderer tiefer Meereseinschnitt, vor unsere Blicke. In schönen welligen Linien, von Buchen- und Tannenwäldern umsäumt, zieht sich die ruheathmende Bucht hin. Ein altes Schloß, Dunbarrow-Castle, erscheint, ein alter Trümmerbau, von hohen Nußbäumen umschattet.

Endlich hat man Inverary vor sich, aber ehe man es erreicht, hat man einen langen Ausläufer des Meerarms zu umfahren. Schöne Fahrt, unvergeßlich fürs ganze Leben! Weithin dehnt sich die stille Bucht, tiefgrün, wo sich die Wälder in ihr spiegeln, lichtblau, wo sie sich erweitert und nur den Himmel über sich hat. In dieser blauen Fläche gaukeln ein paar Fischerbarken, diese mit weißem, jene mit braunem Segel, ein Dampfer steht unbeweglich und entläßt den Dampf, ein leicht gekräuseltes Wölkchen. Der bisher mattgraue Himmel wird allmälig rosig, in diesem rosigen, ins Perlgraue sich verlierenden Luftraum kreisen ein paar mächtige Reiher.

Bald erscheint seitwärts von dem Städtchen eine

bewaldete Thallehne. Sie hat eine graue Warte über sich, ein prächtiges Schloß gothischen Stils, jedoch ein moderner Bau, ragt mit crenelirten Zinnen und Thürmchen über den Eichenwald.

Inverary ist erreicht, und wer es an einem Sommerabend gleich diesem gesehen, hat es empfunden, wie sich die Seele in ein Bad von Poesie und Schönheit tauchte.

## Edinburgh.

**The heart of Scotland, Britain's other eye.**
**Johnson.**

Der Reisende kommt in Edinburgh auf ganz eigenthümliche Weise an, ungefähr so, wie der Geist aufs Theater oder — um ein heitereres Gleichniß zu gebrauchen — der Wein auf den Tisch kommt. Man steigt aus einer Versenkung, einer Art von Schacht, empor und wird plötzlich zu seiner Freude gewahr, daß man sich mitten auf der beleuchteten Bühne voll wunderbarer Decorationen, mitten auf der herausgeputzten Tafel voll festlichen Pomps befindet. Man hat nämlich die halbe Stadt unterirdisch passirt und sieht sich aus dem Tunnel direct in den bewegten Corso versetzt.

Edinburgh ist bekanntlich eine der schönsten Städte Europas. Die großartige Pracht der Häusermassen, die Abwechselung von Berg und Thal, die Gegensätze des Finstern, Alterthümlichen, Ordnungslosen und des geradlinigen, symmetrischen Neuen machen es zu einem Bilde ohnegleichen. Von der Anordnung der Stadt eine Vorstellung zu geben, ist nicht leicht, ich versuche es doch; allerdings wird ein Blick in ein stereoskopisches Panorama den Leser besser orientiren als die sorgfältigste Beschreibung.

In der Mitte des großartigsten Dächermeeres thürmt sich ein Bergrücken empor, den ein ganzes Gewühl schwarzer Häuser terrassenartig hinanklettert. Dieser ganze Stadttheil ist schwarz, finster, wirr, versteinerte Tragik, versteinertes Grauen. Festungsartige Häuser zählen nicht selten zehn, zwölf, vierzehn Stockwerke. Der Bergrücken, der diese Stadt der Länge nach durchzieht und sich dem Auge mit voller Front präsentirt, schließt mit einer Plattform, wo Edinburgh-Castle, ein weit ausgedehnter Kranz schwarzer Mauern und Zinnen, hinauslugt; dann fällt er mit senkrechten Wänden zu Thal. Diese Stadt auf dem Bergrücken, die Altstadt, größtentheils im sechzehnten Jahrhundert entstanden, hat die Highstreet gleichsam zum Rückgrat. Aus ihrem Dächermeere ragen Kirchthürme, Paläste und Kuppeln von Collegien majestätisch hervor. Sie verliert sich in dem in der Ebene gelegenen Stadttheil Canongate.

Am Fuße des Bergrückens, dicht vor uns, ein anderes Bild! Ein weiter Park, modern, prächtig, läuft im Thal hin und breitet sich weit aus mit Bosquets, weiten Rasenplätzen, verschlungenen Wegen. Davor läuft Princeßstreet, der Boulevard Edinburghs, geradlinig, modern, reich, der Sitz aller Hotels, Clubhäuser, ein früh und spät belebter Corso mit den prachtvollsten Verkaufsgewölben. Hier stehen in grüner Oase zwei mächtige Gebäude, die Royal Institution, ein Museum von Alterthümern, und die Bildergallerie. Hier erhebt sich thurmgleich aus blendend weißem Marmor das Monument Walter Scott's, vielleicht das reichste und prächtigste Denkmal, das je ein Land einem Manne gesetzt, der weder König noch siegreicher General war.

Und wieder steigt vor der Princeßstreet und ihren Squares das Terrain bergig hinan. In der Diagonale von Edinburgh-Castle, das im Westen liegt, blickt im Osten Caltonhill entgegen. Dieser Bergkegel von Caltonhill ist fast durchweg von monumentalen Gebäuden bedeckt. Das Nelsondenkmal steigt wie ein Leuchtthurm in die Höhe, das Monument Wellington's, eine moderne Ruine, aus zwölf riesigen Säulen im Stil des Parthenons bestehend, krönt die Höhe.

Auf das Nelsondenkmal muß man steigen, um das großartige Bild zu überschauen. Ueber den schwarzen Häuserterrassen der Altstadt, vom Schloß bis Holyrood ausgedehnt, hängt ein Wetter, wie im Einklang mit jenen Mauern, aber Sonnenlichter spielen auf den weiten grünen Flächen im Thal. Geradlinig ziehen sich die Massen der

Neustadt bis nach Leith, dem Hafen Edinburghs, dessen mächtiger Leuchtthurm in den Firth of Forth hinausschaut. Kleine grüne Inseln tauchen dort auf, Dampfer ziehen aus und ein. In weiter Ferne, nordwärts, erblickt man die Küste von Fife, die Lomond- und Ochill-Berge, östlich ragt, wie der Hüter der Stadt, der Arthursitz empor, der Badeort Portobello, die Insel May zeigen sich im Duft der Weite.

Nachdem wir den allgemeinen Anblick über die Stadt gewonnen, gehen wir an das Einzelne. Zuerst halten wir vor dem Walter-Scott-Denkmal still. Es ist ein gothischer Thurm, zu dessen Spitze zweihundertsiebenundachtzig Stufen führen. Allerlei vielverzierte Bogen reihen sich zu einander, in den Nischen sind Figuren aus Scott's Romanen angebracht; in den vier untern erkennen wir den Prinzen Charles aus „Waverley", Megmerrilies, die Dame vom See, den letzten Minstrel, George Henriot aus „Nigel". In der Marmorhalle, über welcher sich der Thurmbau erhebt, sitzt, seine Schreibtafel auf dem Knie, die Bleifeder in der Hand, Sir Walter Scott, der Vater des historischen Romans, mit dem friedfertigen, guthmüthigen Gesicht, das allbekannt. Zu seinen Füßen liegt sein Hund Bewis, das Kinn zum Gebieter erhoben. Architekten finden an diesem Monument, das ein gewisser George Kemp ausgeführt,

Vieles auszusetzen; sie tabeln die überladene Gothik, die Kleinheit der Hauptstatue und noch vieles Andere; im Ganzen aber macht das Monument eine imposante Wirkung. Dabei liefert es den Beweis, daß den Schotten kein Bau zu stattlich und in seinen Dimensionen zu groß schien — das Denkmal hat an siebzehntausend Pfund Sterling gekostet — wo es galt, einen Mann und Patrioten wie Walter Scott zu ehren.

Passiren wir nun die Waverleybrücke, so sind wir bald in der Hochstraße und stehen vor der alten St.=Giles=Kathedrale. Vor ihr stand einst das Kreuz von Midlothian, unfern davon das „Talbouth", das Hôtel de ville des alten Edinburgh, zu Maria Stuart's Zeit Parlament, Stadthaus und Gefängniß, der Ort, von welchem alle Ereignisse der Reformation ihren Anfang genommen. Doch wandeln wir die die ganze Altstadt durchziehende Hochstraße hinan. Sie gleicht der Prager Spornergasse in größerem Maßstab. An der Ecke des alten Marktplatzes fällt uns zuerst das einst von John Knox bewohnte Haus ins Auge. Es ist schwarz, wie von Basaltquadern erbaut, finster wie sein ehemaliger Bewohner. Vorspringende Erker, wunderliche Giebel, eine Menge Rauchfänge geben ihm ein seltsames Aussehen.

Ueber der Thür und dem Fenster des ersten Stockwerks liest man in gothischen Lettern: Love. God.

above. all. and. your. neighbour. as. your. self;
vorn, an der Ecke, sieht man eine Kanzel und die Figur
des predigenden Reformators, mit der Hand auf einen
Stein zeigend, wo Gottes Name eingeschrieben.

Immer wunderlicher wird nun die Stadt, kein
schwerer Traum kann uns in ein seltsameres Häuserge=
wimmel führen. Wir steigen hinan und uns überkommen
Bilder aus alter Zeit, von Mönchen, Processionen, Ban-
ketten in alten Rittersälen, presbyterianischen Predigten,
Gefechten. Auf beiden Seiten laufen Gäßchen in der
Anzahl von mehreren Hunderten herab, die „Closes" von
Edinburgh, jetzt der Wohnsitz des herabgekommensten Proletariats. Alle Häuser sind schwarz, festungsartig. Ihr
oberstes Stockwerk befindet sich in der Hochstraße, doch
auf der andern Seite hat, des jähen Bergabfalls wegen,
dies Stockwerk noch zwölf, dreizehn, vierzehn Stockwerke
unter sich. In den Gäßchen selbst, die theilweise so eng
sind, daß zwei Menschen einander darin nur mit Mühe
ausweichen, wimmelt — man kann es nicht anders nennen
— menschliches Ungeziefer. Was können diese Gestalten
in Lumpen sein? Im besten Falle Bettler, Straßenkehrer,
Lumpensammler, Cloakenfischer. Frauen und Dirnen
mit ungekämmten Haaren, barfuß, kaum bekleidet, sitzen
auf den Thürstufen; Kinder, so verwahrlost, wie kaum
bei uns die Brut einer Zigeunerbande, liegen auf dem

Pflaster umher, raufen sich, balgen sich. Man muß es gesehen haben, um daran zu glauben.

Der Führer zeigt uns auf dem Wege das Haus, wo David Hume, der Denker, das Haus, wo Boswell, der Freund (und Eckermann) Johnson's, das Haus, wo Allan Ramsay, der schottische Idyllendichter, gewohnt; auch die Wohnung der Maria von Guise, der Mutter Maria Stuart's, wird uns gezeigt, doch schon nahen wir der Esplanade des Edinburgh=Castle. Diese Krone alten Gemäuers, einst ein uneinnehmbarer Punkt, erhebt sich imposant über die ganze Stadt, und wunderbar gut stimmt zu ihren alten Zinnen ihre militärische Besatzung. Es sind lauter hosenlose Hochländer in weißen und rothen Jacken, denen der gewürfelte Kilt bis an die nackten Kniee reicht. Ihre rothgescheckten Strümpfe, mit rothen Bandschleifen verziert, gehen bis an die Mitte der Wade. Manche tragen schwarze Grenadiermützen, andere Kappen mit schwarzen Straußfedern; trotz des Krimkriegs und Sebastopols ist Alles an ihnen alterthümlich, bis auf den plumpen, mit einem Korbe versehenen Säbel. Wegen zufälliger Anwesenheit eines Prinzen ist die Mannschaft ausgerückt, eine Musik seltsamster Art erschallt. Zuerst schlägt ein kleines Musikcorps mit Blechinstrumenten eine wehmüthige Nationalmelodie an, jetzt schweigt sie und es ertönt der gellende Lärm von wohl zehn Dudelsäcken, welche eine und dieselbe musikalische Figur — o, muß ich sie musikalisch nennen? — unermüdlich wiederholen. Ein Dutzend kleiner Jungen, zwölf bis dreizehn Jahr alt, in ähnlicher Uniform, hosenlos, aber mit Kilt, Plaid und Mütze bekleidet, unterstützt das Dudelsackcharivari mit dem grellen Gequiek von Pickelflöten.

Diese für Auge und Ohr originelle Scene hielt uns eine ganze Weile fest. „Merkwürdig", sage ich zu meinem Begleiter, „auf dem Kopfe eine Bärenmütze und dabei nackte Beine — directer läßt sich dem Sprichwort nicht opponiren, daß man den Kopf kühl, die Füße warm halten soll."

Ein junger Lieutenant, der in unserer Nähe steht, mag die Verwunderung auf meinem Gesicht lesen. Mit einem gutmüthigen Lächeln auf dem breiten Gesicht entgegnet er, eigentlich höchst cynisch: „Lacht nur über unsere Tracht, die Mädchen haben sie gern".

Im Schlosse selbst sind es besonders zwei Gemächer, welche Aufmerksamkeit verdienen. In dem einen, einem runden, fensterlosen Raum, zeigt man bei Lampenschein auf einem steinernen Tische die Insignien des alten schottischen Königthums: Krone, Scepter und Reichs- schwert. Einst mächtige, lebendige Symbole, sind jetzt alle diese Dinge bloße Merkwürdigkeiten. Der industrielle Verstand Englands siegte über die alte Baronialherrlichkeit Schottlands, die prosaische Neuzeit über das ideale Ritterthum, das Sachsenthum über die alte celtische Rasse. Walter Scott war selbst der letzte Minstrel der untergegangenen Welt, an welche diese Schätze gemahnen.

Eine andere Sehenswürdigkeit ist das Gemach, in welchem Maria Stuart, kurz vor ihrer Entbindung, als Gefangene gewohnt hat. Das Fenster geht nach den Salisbury-Crags heraus; man hat einen Abgrund von mehreren Hundert Fuß Tiefe unter den Augen. Wo einst das Bett gestanden, ist das schottische Wappen gemalt mit seinen Devisen: In defence und: Nemo me impune lacessit. Das bedeutungsvolle Datum 1566 steht über der Thür. An einer Wand stehen folgende Verse, wie es heißt, von Maria selbst gedichtet:

> Lord Jesu Chryst, that crounit was with thorns
> Preserve the birth of him who heir is borne
> And send his sonne succession to reigne still
> Lang in this Realm, if that it be thy will.
> Als grant, o Lord, what ever of him proceed
> To be thy honour and praise, so beiet!
> 19th IVNII 1566.

Der Cicerone, der die Fremden hier herumführt, behauptet, um diesem Kämmerchen noch mehr Romantik zu verleihen, Maria Stuart sei hier entbunden und das Kind in einem Korbe von hier hinabgelassen worden. Das ist entschieden falsch. Maria kam mit ihrem Kinde in der Festung Stirling nieder. Was die Zeilen an der

Wand betrifft, so sind diese wahr geworden; Maria's Gebet wurde erhört. Das Kind gelangte zu noch größerer Macht, als seine Mutter träumen mochte. Jakob, der Sohn der Hingerichteten, wurde der erste König der vereinigten Reiche.

Doch wenn man an Maria Stuart erinnert sein will, muß man Holyrood besuchen; ich widmete diesem Besuch den andern Morgen. Das älteste Schloß der Könige von Schottland, wo so viele Familientragödien gespielt haben, liegt am Ausgange des Stadtviertels Canongate und ist ein weit ausgedehnter, vierflügeliger, von starken Eckthürmen flankirter Palast. Der ursprüngliche Bau ist uralt und stammt aus König David's Zeit; Maria und Karl II. haben ihn erweitert. Man durchschreitet den Hof und wird zuerst in die Kapelle (royal chapel) geführt. Eine Ruine ohne Dach, aber von höchstem architektonischen Interesse. Ein Thurm aus vorgothischer Zeit, alte Portale mit Figuren und Köpfen, Spitzbogenfenster, Steintafeln mit halbverlöschten Inschriften, Säulen, an denen Grotesken die Capitäle bilden — das ist Alles, was noch von dem prächtigen Gotteshause übrig, in welchem einst die Krönungen stattfanden. Noch bis in eine späte Zeit hielten einige schottische Familien das Vorrecht aufrecht, hier begraben zu werden. Am Eingang soll Riccio liegen.

Nach diesem kurzen Abstecher besehen wir das Schloß. Wir treten zuerst in den sogenannten Bankettsaal. Die Portraits von hundert schottischen Königen, von dem im Nebel des Helden- und Sagenthums schwebenden Fergus I (350 v. Chr.) bis auf den letzten Stuart, decken die Wände. Diese Portraits sind werthlos, sämmtlich Machwerke eines vlämischen Subelmalers, James de Witt (1684), der für seine Arbeit vermuthlich nach der Elle Leinwand bezahlt wurde und auch nicht besser belohnt zu werden verdiente, einestheils Copien zweifelhafter Originalbilder, die ihm geliefert wurden, anderntheils bloße Phantasiestücke. Diese große öde Stube hat manches Fest gesehen; hier tafelte der Prätendent Charles, hier brauste der Ball, den Scott in „Waverley" beschreibt. In jetziger Zeit werden Versammlungen des hohen Klerus hier abgehalten.

Sich links wendend betritt man nun das alte Audienzzimmer und eine Reihe von Zimmern, welche Darnley bewohnte. In dem einen schmückt ein ziemlich erhaltener Gobelin die Wand, die Kreuzerscheinung Konstantin's vorstellend; Portraits Karl's II., Wilhelm's III., Jakob's VI., Lord Raleigh's und der Gräfin Cassilis heißen uns weilen. Nun aber nähern wir uns den Orten, wo das Interesse ein noch lebendigeres werden soll. Die voranschreitende Führerin heißt uns eine enge Treppe hinangehen und wir betreten zuerst das Audienzzimmer Maria Stuart's. Hier steht ein Bett mit verblaßten, mottenzerfressenen Vorhängen, worin Karl I. und ein Jahrhundert später der Prätendent geschlafen.

Ein zweites Zimmer hat höchstens zehn Schritte im Geviert, der Plafond ist mit Holzgetäfel bekleidet, dessen sechseckige Vertiefungen die bourbonischen Lilien und rothe, blaue, goldene Chiffren zieren. Zwei Fenster, einander schräg gegenüber, lassen ein gedämpftes Licht herein. Eine Tapete, den Sturz Phaeton's von seinem Sonnenwagen darstellend, deckt die Wand; Portraits Elisabeth's und Heinrich's VIII. hängen da. Vom Eingange links steht ein breites, niederes Bett, grün und roth bemalt, sehr wurmstichig, darüber ein Himmelbett von rothem Damast mit grünen Fransen. Unfern sieht man einen kleinen Kamin, davor steht ein alterthümlich niederer Stuhl mit hoher Lehne. Auf einem Nähtische steht ein elfenbeinernes Arbeitskästchen, ein reizendes Miniaturbild liegt darin, es stellt die vor, welche hier schlief: Maria Stuart.

Doch verweilen wir noch einen Augenblick. Siehst du dort, in der Tapete verborgen, die kleine enge Thür? Es ist die, durch welche Darnley und seine Genossen eintraten, um Riccio zu überfallen.

Maria Stuart! So viele Könige auch in diesen

Hallen geherrscht, Maria's Gestalt hat sie alle in den Schatten gedrängt. Alles hier mahnt nur an sie, Alles spricht nur von ihr. Wie bei Bajä in Bädern, Pälästen und Tempeln Agrippina, wie in Fontainebleau Katharina von Medici, so waltet hier Marja. Gehen wir weiter durch dieses Schloß, wir finden überall Bilder der schönen königlichen Buhlerin. Hier sieht sie als Braut des französischen Erbprinzen nieder, ein Gesicht voll heiterer Sinnlichkeit und Poesie. Ihre Augen sind braun, das kastanienfarbene Haar ist von der schönen Stirn zurückgeschlagen, die Nase etwas länger, als die Schönheitsregel es haben will, aber der Gesammteindruck ist reizend. Ein enganliegendes Kleid von schwarzem Sammt steigt hoch hinauf; den Hals, der einst dem Schwerte verfallen sollte, umschließt ein Collier von Edelsteinen, hinter diesem hebt sich ein starrer Kragen mit gefalteter Krause ab. Gehen wir weiter, wir finden sie noch prunkvoller gekleidet als Gemahlin Darnley's, doch schon mit einem seltsamen Zug um den Mund. Ein drittes Bild endlich zeigt sie im einfachen grauen Kleid von nonnenhaftem Schnitt als Bothwell's bleiches, reuegefoltertes Weib — trotz Allem noch so verhängnißvoll schön, daß wir Chastelart, Leicester, Riccio, Bothwell und Douglas in ihrer Liebe begreifen können! Welche Illustrationen zu einem ereignißvollen Lebensgange!

Doch drücken wir eine Klinke dicht neben der verhängnißvollen Tapetenthür nieder und wir stehen in einem noch weit kleinern Zimmer. Das ist das Soupercabinet (supping room). Es hat keinen andern Zugang als den durch das Schlafzimmer und ist so eng, daß hier allerdings nur eine ganz kleine Gesellschaft Platz haben konnte. Aber denken wir es uns hell mit Wachskerzen beleuchtet, den Tisch in der Mitte mit weißem Linnen gedeckt, mit Flaschen und Gläsern und Schüsseln beladen. Nun stürmen die Verschworenen herein, der Tisch wird umgeworfen, Gläser und Schüsseln fliegen auf den Boden, die Hände greifen nach dem Italiener, der sich hinter dem Kleide seiner Herrin verbirgt. In diesem Closet drängen sich Ereignisse von spannendstem Interesse, ja von tiefer Tragik zusammen — eben sind es dreihundert Jahre geworden, daß sie sich zugetragen.

Es war Sonnabend den 9. März 1566 gegen sieben Uhr. In jenem Zimmer, das wir vorhin gesehen, wo die Kreuzerscheinung Konstantin's die Wand ziert, hatte Darnley die Freunde erwartet. Wie unglücklich mochte er sein! Halb ein Knabe noch, kaum zwanzig Jahre alt, in seine Frau maßlos verliebt und nach sechsmonatlicher Ehe schon ihrer Liebe verlustig, in seinem Ehrgeiz blutig gekränkt, da ihm Maria die Matrimonial=

troue vorenthielt und ihn merken ließ, daß sie ihn für unfähig halte, sie zu tragen, und nun zu alledem noch von Eifersucht verzehrt! Er, der schöne, stolze, junge Mann, eifersüchtig auf jenen ältlichen, kränklichen, häßlichen Italiener, den ehemaligen Cameriere des Grafen La Morette, den musikalischen Kammerdiener, jetzt zum Secretär für die auswärtige Correspondenz vorgerückt! War es nicht, um rasend zu werden? Und dieser Mensch war, man kann sagen, jetzt allmächtig in Schottland! Er stand in Beziehung zu allen katholischen Mächten, correspondirte mit Rom und Madrid, Subsidien waren auf dem Wege. Es war sein Werk, wenn es schien, als solle der Protestantismus wieder ausgerottet werden in Schottland. Murray, der Halbbruder der Königin, das Haupt der Reformirten, dankte Riccio seine Verbannung. Darum war dieser auch jetzt so frech und herausfordernd und trug den Kopf so hoch. Er hielt sich einen ganzen Hausstaat.

„Ich habe entdeckt", hatte Darnley an seinen Cousin Douglas geschrieben, „daß dieser elende David mein eheliches Bett entehrt hat." Hatte er da recht gesehen? Unbestreitbar war, daß Maria dem Riccio unbegreifliche Vertraulichkeiten gestattete, wie er denn bei ihr im Schlafrock gefunden wurde. Lieber, als solche Schmach ungerächt zu tragen, hätte sich Darnley mit dem Teufel selbst verbunden, und so hatte er sich mit seinen ehemaligen Gegnern, den verbannten Parteigenossen Murray's, wieder eingelassen. Zwei Verträge, sogenannte Covenants, waren unterschrieben worden, der eine des Inhalts, daß, da die Königin von verderbten Menschen umgeben sei, man sich dieser zu bemächtigen und im Nothfalle sie niederzustoßen habe, der zweite des Inhalts, Darnley in allen gerechten Streitigkeiten beizustehen, Freund von seinen Freunden, Feind von seinen Feinden zu sein, ihm die „Matrimonialkrone" zu übertragen, die protestantische Religion zu schützen und ihre Gegner niederzuschmettern.

Am Abend des 9. März hatte Darnley früher als gewöhnlich zu Nacht gegessen. Er erwartete die Verschworenen: Morton, Ruthen, Lindsay. Sie kamen mit ungefähr zweihundert Bewaffneten an. Diese überfielen und entwaffneten geräuschlos die geringe Leibwache und besetzten die Zugänge.

Lord Ruthen, einer der eifrigsten Freunde von Darnley's Cousin Douglas, war zuerst bei Darnley eingetreten, ihm folgten mehrere Bewaffnete. Nun ging es die kleine Geheimtreppe, welche in der Tapetenthür des Schlafzimmers mündet, hinauf. Voran ging Darnley; in kurzen Zwischenräumen, damit es nicht auffalle, folgten Ruthen, George Douglas, der Earl von Fauconsidle und Patrick Bellenden.

Im kleinen Cabinet, das den Zugang nur durchs Schlafzimmer hat, waren die Gäste lustig. Sie hatten eben eigenhändig den gedeckten Tisch zum Souper hereingerollt. Das Zimmerchen war mit vielen Kerzen beleuchtet, im Kamin knisterte das Feuer. Neben der Königin, welche im siebenten Monat schwanger ging, saßen ihre natürliche Schwester, die Lady von Arghle, und Arthur Erskine, der Schloßcommandant; der Laird von Keith und Riccio hatten am runden Tisch die Plätze gegenüber. Riccio saß auf einem Schemel, im Hauskleid von Damast mit Pelz verbrämt, eine Mütze auf dem Kopfe, eine Kette mit kostbaren Juwelen um den Hals.

Als Darnley eingetreten war, nahm er hinter der Königin Platz und küßte sie. Aber er war bewaffnet erschienen und unter seinem Hofkleid blitzte die schwere Rüstung hervor.

„Wir wollten heute Abend unter uns sein", sagte die Königin mit beleidigender Kälte zu ihrem Gemahl.

„O, ich bringe noch andere Gäste mit!" erwiderte Darnley, und schon trat Ruthen herein.

„Was führt Euch her, Ruthen?" fuhr die Königin zornig auf. „Wer hat Euch erlaubt, hier unangemeldet einzutreten?"

Ruthen war ein Mann von sechsundvierzig Jahren, hoch, hager, finster; er hatte eben das Fieber und war abgezehrt wie ein Gespenst. Er wies mit der Hand auf Riccio und sagte:

„Dieser David ist zu lange in Eurer Majestät Privatgemach gewesen, gefalle es Eurer Majestät, ihn zu entfernen!"

„Welche Sünde hat er begangen?" fragte Maria.

„Die größte und abscheulichste", antwortete Ruthven, „gegen die Ehre Eurer Majestät, gegen Euren Gemahl, den König, gegen den Adel und das Volk!"

Lord Erskine und der Laird von Keith wollten auf Ruthven einbringen, aber die Königin gebot ihnen Ruhe.

„Hätte man David Riccio etwas vorzuwerfen", versetzte sie, „so würde ich ihn vor die Lords des Parlaments fordern. Dir aber, Ruthven, befehle ich, Dich zurückzuziehen, bei Strafe des Hochverraths!"

Statt eingeschüchtert zu werden, trat Ruthven mitten durch die übrigen Zuschauer dieses Auftritts vor, um sich Riccio's zu bemächtigen.

Dieser, an allen Gliedern zitternd, warf sich der Königin zu Füßen. „Madame!" rief er, „ich bin todt! Justizia, Justizia! Rette mein Leben!"

Durch die heftige Bewegung Riccio's und Ruthven's nachbringende Hand stürzte der Tisch mit dem Nachtessen auf die Königin, die ihre schützende Hand über den Daliegenden ausstreckte.

Die kurzen Degen und Pistolen richteten sich nun auf die Königin selbst. Riccio hatte Maria am Kleide gefaßt und klammerte sich mit aller Gewalt an sie; aller Muth, alle Besinnung hatten ihn verlassen.

Da riß ihn Darnley mit kräftiger Hand selbst weg, und während ihn die Fäuste der Andern packten und fortschleppten, wehrte er mit seinen eigenen Armen der Königin, Riccio zu folgen.

Voll Angst um das Loos ihres Geheimschreibers, kaum an die eigene Gefahr denkend, beschwor Maria den Gemahl, Mitleid zu haben.

„Fürchtet nichts, es wird ihm kein Uebel zugefügt werden", erwiderte Darnley heuchlerisch. Indeß wurde der zitternde Italiener aus dem Cabinet hinausgeschleppt. Hinter der Thür erwarteten ihn eine Menge Verschworene. Riccio ward mit lautem Geschrei empfangen. Ein Streit entspann sich, ob man ihn bis zum andern Morgen leben lassen solle, um ihn dann zu hängen, was Morton und Lindsay wollten; allein George Douglas, der Ungeduldigste der Schaar, machte dem Streite ein schnelles Ende.

„Da hast Du einen Königsstoß!" rief er und durchstach ihn mit dem Dolche, den er aus Darnley's Gürtel gerissen hatte.

Da stürzten die Andern herbei und durchbohrten

das Opfer mit sechsundfünfzig Dolchstichen. Die Leiche wurde hierauf durchs Fenster in den Hof geworfen. Der Pförtner des Palastes nahm sie in Verwahrung.

Noch sieht man in einem engen Gelaß, das dadurch entstand, daß Maria den Ort des Mordes durch eine Breterwand abtrennen ließ, breite schwarze Blutflecken bis zum heutigen Tage. Schon Aeschylos bemerkte in seinem „Todtenopfer", daß Blut ein Stoff sei, der sich am schwersten vertilgen lasse, wenn er sich einmal irgendwo eingefressen. Es ist aber auch Thatsache, daß Maria das Blut ihres treuen Dieners nie abwaschen ließ, um eine ewige Mahnung an die erlittene Unbill vor sich zu haben.

Doch mit diesem Morde waren die Ereignisse vom 9. März 1566 noch immer nicht beendet. Die Königin hatte kaum Riccio's Todesschrei und den Fall seines Körpers in den Hof hinab vernommen, als sie den vollen Strom ihres Zorns gegen Darnley ergoß. Sie warf ihm vor, daß er eine so schändliche That gutgeheißen und angeordnet habe, eine That, durch welche sie in den Augen des Landes und Europas entehrt worden.

„Mörder und Verräther", rief sie, „aus niedriger Stellung zog ich Dich empor und gab Dir einen Platz am Throne. So dankst Du es mir!"

Darnley dagegen warf ihr vor, daß sie seit Monaten seine Gesellschaft ganz und gar vermieden und wie sie ihn oft in Riccio's Gegenwart aus ihrem Zimmer gewiesen habe. Es sei ihm vorgekommen, daß sie sich mehr letzterem als ihm gewidmet. „Daher", sagte er, „habe ich meiner Ehre und Genugthuung wegen gutgeheißen, daß ihm so geschehe."

Die Königin antwortete in ungemindertem Zorne: „Mylord, Ihr seid der Urheber der Schmach, die man mir anthut. Ich bleibe Euere Frau nicht mehr und werde nicht früher ruhen und nicht wieder zufrieden sein, bis Euer Herz ebenso aufs äußerste betrübt ist wie jetzt das meinige."

In diesem Augenblicke trat der gefürchtete Rutven wieder ein. Sein Henkeramt war gethan, seine Hände waren noch roth von Blut, aber seine Kraft war dahin, sobaß ihn eine Ohnmacht anwandelte. Die Krankheit, der er wenige Wochen später erlag, schüttelte ihn. Er begehrte ein Glas Wein, leerte es und sagte mit einer durch seine Krankheit noch gesteigerten Wildheit zur Königin, man habe Riccio zum Tode gebracht, weil er eine Schmach für sie und eine Geißel fürs Königreich gewesen. „Durch seinen verderblichen Einfluß", schloß er, „ist es dahin gekommen, daß die Besten vom Adel flüchtig und verbannt leben und daß Eure Majestät, um die alte Religion von Schottland wiederherzustellen, verdammliche Beziehung mit auswärtigen Fürsten unterhalten. Entlassen Sie Bothwell und Huntley aus dem Geheimrath."

Maria, empört und gedemüthigt, erhob sich und rief mit drohender Stimme: „Dies Blut wird einigen von Euch, glaubt mir, theuer zu stehen kommen."

„Gott verhüte das!" antwortete Rutven; „denn je mehr Eure Majestät sich beleidigt zeigen, desto strenger wird die Welt in ihrem Urtheil sein."

Die Königin, von den Vorfällen tief erschüttert, wurde beinahe ohnmächtig. Bei diesem Anblick ging Rutven hinaus, Darnley folgte ihm. Keiner der Verschworenen kehrte zurück, man begnügte sich mit dem Geschehenen und trug Sorge, alle Ausgänge besetzt zu halten.

Indeß waren die Bewohner Edinburghs durch den Tumult, den die Ermordung Riccio's in Holyrood verursachte, in keine kleine Bewegung gerathen. Der Provost (Bürgermeister) ließ die Sturmglocke ziehen und erschien an der Spitze von sechshundert bewaffneten Bürgern, um anzufragen, was im Palast vorgehe. Er begehrte Einlaß bei der Königin. Die Verschworenen verweigerten ihm diesen. Der Provost kündigte an, daß er mit seinen Leuten Gewalt brauchen werde. Darauf erklärten die Verschworenen, daß er dies bleiben lassen solle; denn sobald er zur Gewalt schreite, werde man die Königin tödten und ihren Leichnam über die Mauer hinabwerfen. Der König ließ zugleich melden, Maria befinde sich wohl, nur ihr Geheimschreiber sei getödtet worden, und fügte hinzu, er befehle den Bürgern bei Strafe der Widersetzlichkeit sich zurückzuziehen. Dieser Befehl wurde angehört und die Schaar begab sich nach Hause. Die Königin, ohne Freund und Berather, selbst von ihren Frauen getrennt, blieb diese ganze schreckliche Nacht hindurch wach, in ihrem Zimmer auf einem Stuhle sitzend, in ihrem eigenen Palaste gefangen.

Die Grafen von Huntley und Bothwell, die auch in Holyrood wohnten und sich nicht minder als Riccio bedroht glaubten, hatten das Weite gesucht. Sie hatten sich mittels eines Seils auf die Gasse herabgelassen.

## II.

Es gibt wohl wenig Räume, die auf die Phantasie so wirken wie das Schlafzimmer Maria Stuart's und dessen Nebengemach. Der alte morsche Tröbel stimmt zur Geschichte von Mord und Blut. Aber der zerfallende königliche Kram ward mir noch unheimlicher, weil er uns von einer alten Dame in Trauer gezeigt wurde, die mit ihrem wackelnden Kopf, ihrem hagern pergamentnen Gesicht und ihren gichtisch verkrümmten Fingern, von halb aufgetrennten schwarzen Handschuhen bekleidet, mir wie eine übriggebliebene mumificirte Ehrendame der schottischen Königin erschien. In abgemessenen, gleichsam seit Jahrhunderten eingelernten Sätzen erzählte sie die Geschichte jedes Bildes, jeder Tapete, jeder Stickerei und ließ sich durch eingeworfene Fragen so wenig wie ein abschnurrendes Uhrwerk stören. Die alte Dame wußte nicht, warum ich sie so neugierig betrachtete und ihr so genau zuhörte! In ihrem Englisch witterte ich seltsame Archaismen, wie sie in Chaucer und Spencer und auch noch in den Werken des göttlichen William vorkommen.

Am andern Morgen begab ich mich ans Ende von Canongate und ließ mir den Kirk of field zeigen, einen Anger, von Gärten und zerstreuten Häusern bedeckt, an welchen sich die Geschichte von Darnley's tragischem Tode knüpft.

„Ich werde nicht eher ruhen und wieder zufrieden sein, Mylord, bis Euer Herz ebenso bis aufs äußerste betrübt ist wie jetzt das meinige", hatte Maria Stuart zu Darnley in der geschilderten verhängnißvollen Nacht gesprochen. Sie hielt furchtbar Wort, und die Weise, wie sie vorging, enthüllt ihren Charakter. Ein Gemüth thut sich vor uns auf, in welchem Sinnlichkeit, List und grausige Verrätherei hinter einer der lieblichsten und reizvollsten Masken von poetischem, zärtlich schwärmerischem Anhauch spielen.

Seit Riccio's Mord war Darnley als König Schottlands aufgetreten. Er erklärte das Parlament für aufgelöst und befahl den Mitgliedern desselben, Edinburgh zu verlassen. Er wurde aber von den Verschworenen noch weiter getrieben. Sie beabsichtigten ihm Krone und Regierung anzutragen, den Protestantismus vollends im Lande einzuführen und Maria so lange gefangen zu halten, bis sie diese Maßregeln gebilligt. Aber dieser Plan, gewiß vortrefflich und zeitgemäß, da er ja ein Jahr später von Andern ausgeführt wurde, scheiterte an der Frauenklugheit Maria's, die nicht umsonst bei Katharina von Medici in die Schule gegangen.

Sie suchte sich nämlich aus der Schaar ihrer Gegner gleich denjenigen heraus, den sie als den schwächsten zu kennen glaubte — es war ihr Gatte. Es gelang ihr vollständig, seinen Sinn nach einigen Unterredungen umzukehren. Sie setzte ihm die Grundlosigkeit seines Verdachts gegen Riccio auseinander, schilderte ihm die Gefahr, die sein Vorgehen über das Land brächte, und stachelte seinen Stolz auf, sich nicht als Werkzeug für die Pläne der Lords brauchen zu lassen. Darnley war charakterschwach und liebte Maria noch immer. Wie jeder Gatte begann er, nachdem der erste Zorn sich gelegt hatte, sich selbst einzureden, er sei in seiner Eifersucht zu rasch vorgegangen. Beide versprachen einander verzeihen zu wollen, Maria die ihr angethane Kränkung, Darnley die Beleidigung seiner Ehre. Hierauf war die Verständigung zwischen beiden ganz leicht. Sie beschlossen, die Verschworenen zu täuschen.

Darnley selbst bot nun der Königin die Hand zur Flucht aus Holyrood. Er benachrichtigte seine Genossen, seine Gemahlin sei krank und bedürfe eines Luftwechsels, sonst sei eine fausse couche zu befürchten. Die Königin verzeihe Alles und sei bereit, die Urkunden zu unterzeichnen, die die Verschworenen zu ihrer Sicherheit für nöthig erachten möchten. Die Verbannten wolle sie in Gnaden aufnehmen und den Mord Riccio's verzeihen. Die Verschworenen warnten Darnley, nicht mit ihnen in eine Falle zu gerathen; allein eine Audienz bei der Königin half die List vollenden.

„Setzen Sie selbst, Mylords, die Artikel darüber auf", sagte Maria, bald mit dem, bald mit jenem im Zimmer traulich auf und ab gehend.

Die Urkunde ward aufgesetzt und Darnley übergeben. Er verbürgte sich für die Unterschrift wie für alle weitern Folgen. Alle seine Genossen waren befriedigt, nur der alte Rutven schüttelte den Kopf. Die Königin war frei. Bald standen Rosse bereit, das Königspaar nach Dunbar zu bringen. Als sie dort angekommen, war Maria's erste That, ihre Getreuen aufzurufen; die Grafen Bothwell, Huntley, Atholl, Marshall und Andere erschienen sogleich mit ihren Mannen.

Nun erließ Maria Proclamationen gegen die „Elenden", die es „gewagt, ihren Palast mit Blut zu beflecken und sie gefangen zu halten". Bald hatte sie auch unter ihren Feinden selbst Zwietracht zu säen gewußt, indem sie einem Theil derselben Aussöhnung anbot und nur die eigentlichen Mörder Riccio's richten wollte. Rutven, Douglas und fünfundsechzig andere Lords wurden vor Gericht geladen — alle flohen nach England.

Der Meisterstreich war ausgeführt, Maria kam als Königin in die Stadt zurück, in der sie sich noch vor wenigen Wochen hülflos, beschimpft, gefangen gesehen. Da die Hauptverbrecher entwichen waren, ließ sie selbst Mitschuldige zweiten Grades einkerkern und zum Tode verurtheilen. Die Privatsecretärstelle erhielt Riccio's Bruder Joseph.

Darnley seinerseits erklärte auf „Ehre, Treue und Fürstenwort", daß er weder um die abscheuliche Verschwörung, noch um den beabsichtigten Mord Riccio's gewußt.

Diese Verrätherei Darnley's versetzte die abwesenden Verbannten in die höchste Wuth. Als Repressalie schickten sie Maria die zwei Urkunden zu, von Darnley unterzeichnet, laut denen Riccio getödtet werden und Darnley die Krone erhalten sollte. Maria erfuhr, daß ihr Gemahl nicht in Zorn und Leidenschaft, sondern vorbedacht gehandelt. Unüberwindlicher Abscheu gegen ihn ergriff sie für immer. Sie vermied ihn und er stand fortan inmitten des Hofgepränges von Holyrood wie ein Ausgestoßener da.

„Der Verkehr mit ihm", schrieb Melvill damals an Elisabeth, „gilt als Verbrechen."

Am 19. Juli kam Maria auf dem Schlosse Stirling, wohin sie sich der Sicherheit wegen gezogen, mit einem Sohne nieder, ohne daß dieser Vorfall eine Versöhnung der Gatten herbeigeführt hätte. Maria's Herz hatte sich in dieser Zeit der Bedrängniß immer mehr dem Grafen Bothwell zugekehrt und bald war sie ganz von jener unseligen Leidenschaft erfaßt, die sie dem Verderben entgegenführen sollte.

Lord Bothwell, einer der mächtigsten schottischen Barone, von normannischer Abkunft, in der Mitte der Dreißig stehend, verheirathet, war eine rauhe, gewaltsame, verschlagene Natur. Er war häßlich und hatte nur ein Auge. Trotzdem war Maria ihm bald in Allem unterthan. Er waltete nach Belieben und trieb die Geliebte ihrem Verhängniß entgegen. Darnley merkte Alles, aber von schwachem Charakter, tief unglücklich über den Verlust von

Maria's Liebe, seiner Achtung und seiner Macht, dabei fühlend, daß er dem Kampf nicht gewachsen, faßte er den Entschluß, Schottland zu verlassen.

Bothwell war indessen als Lord-Lieutenant an die südöstlichen Grenzen gegangen, wo mächtige Häuptlinge in Fehde untereinander lagen. Er zeigte großen Muth und ward ziemlich schwer verwundet in die Eremitage von Jedburh gebracht. Sogleich flog Maria herbei, ihn zu pflegen.

Die Aufregung und Sorgen zogen ihr eine schwere Krankheit zu. Sie hatte heftiges Fieber, Starrkrämpfe, Ohnmachten, man war für ihr Leben besorgt. Bothwell, eben erst genesen, stand an ihrem Lager. Auch Darnley erschien, aber sein Besuch war kalt und kurz. Er ging wieder nach Glasgow ab.

Die Genesung ging langsam vorwärts. Maria war fortwährend schweigsam und niedergeschlagen. Sie wiederholte hundertmal des Tages die Worte: „Ich möchte gestorben sein!" Melvill schrieb an Elisabeth: „Man hört die Königin oft tief seufzen und ich sah, daß weder Lord Murray noch Lord Mar sie bewegen konnten, Speise zu sich zu nehmen. Dazu hat sie mehr als schlimme Gesellschaft zu dieser Zeit, denn der Earl von Bothwell hat sein eigenes Ziel, auf das er losgeht."

Bald fanden sich Personen, die den Gemüthszustand der Königin zu ihren Zwecken benutzen wollten. Der verschlagene Lethington erbot sich im Namen seiner Partei, die Scheidung Maria's von Darnley herbeizuführen, falls sie in die Rückkehr der Verbannten willige. Maria willigte unter der Bedingung ein, daß die Scheidung eine gesetzliche sei und die Rechte ihres Sohnes nicht beeinträchtige. Aber der päpstliche Machtspruch war schwer zu erlangen; man mußte etwa gegen Darley einen Proceß wegen Ehebruch einleiten oder ihn wegen Hochverrath verfolgen lassen. Leichter ginge es freilich, wenn Maria Wittwe würde.

Die Taufe fand statt, Bothwell leitete die Anordnungen, Darnley, der im Schlosse wohnte, kam nicht dazu. Auch die protestantischen Lords blieben aus. Die Königin wollte sich zuerst unbefangen stellen und war bemüht, die Taufgesellschaft zu unterhalten, bald aber brach sie weinend zusammen. „Ich fürchte", schrieb Le Croy, der französische Gesandte, „die Königin wird uns noch manchen Kummer bereiten, wenn sie so sorgenvoll und melancholisch bleibt."

Die begnadigten Verbannten kehrten heim, Darnley's erbittertste Feinde. Dieser, von Schrecken erfaßt, reiste nach Glasgow zu seinem Vater. Kaum dort angekommen, bekam er die Pocken, das Volk aber hielt ihn für vergiftet.

Plötzlich erschien Maria an seinem Lager und überhäufte ihn, den sie haßte und verabscheute, mit Liebkosungen. Darnley war erstaunt, lange Debatten, Vorwürfe von beiden Seiten erfolgten, endlich versöhnten sie sich. Darnley, der Maria immer noch liebte, schob seine Vergehungen auf seine Jugend und Unerfahrenheit und wollte in Alles willigen, wenn die Königin ihm verspräche, mit ihm als Gattin leben zu wollen. Maria sagte es mit Wort und Handschlag zu.

Es handelte sich darum, einen Ort zu wählen, an dem Darnley seine Reconvalescenz abwarten sollte. In Holyrood konnte er des jungen Prinzen wegen, der angesteckt werden könne, nicht bleiben. Bothwell schlug das Haus seines guten Freundes Robert Balfour vor, das unfern des Schlosses luftig im Kirk of field balag. Es war zwar sehr eng und verwahrlost, aber Bothwell empfahl es.

Darnley betrat das Haus am letzten Januar 1567. Die Königin ließ ihr Bett im Erdgeschosse, gerade unter dem Zimmer ihres Gatten, aufschlagen, weihte sich ganz der Pflege des Reconvalescenten und brachte ihre Musiker und Sänger herbei, um ihm die Zeit zu vertreiben.

Am Abend des 5. Februar rief Bothwell Maria's vertrautesten Diener zu sich. Es war ein Franzose, Namens Hubert, nach seinem Geburtsorte scherzweise French Paris genannt. Als Vertrauter der Liebenden hatte er Briefe hin und her getragen.

„Darnley", begann Bothwell, „wird umkommen. Hier sind die Nachschlüssel zu seinem Hause. Zwei

Männer, Huy von Tallow und Heyburn von Bolton, sind von mir ausersehen worden, die That zu thun. Willst Du mir behülflich sein?"

Paris blieb stumm und blickte zu Boden.

„Nun", fragte Bothwell, „woran denkst Du?"

„Herr, ich denke an das, was Ihr mir gesagt und was eine wichtige Sache ist."

„Was hältst Du davon?"

„Was ich davon halte, Herr Graf? Sie werden mir verzeihen, wenn ich es in meiner Einfalt heraussage."

„Du willst wieder predigen —"

„Nein, Mylord, Sie werden hören —"

„Nun, so sprich!"

„Dieses Unternehmen wird Ihnen größere Stürme bereiten als jemals ein anderes zuvor. Geben Sie Acht, Jedermann wird Sie anklagen —"

„Und meinst Du, Dummkopf", fiel Bothwell ein, „daß der Plan von mir allein ausgeht? Ich habe Lethington, einen der klügsten Köpfe im Lande, den Grafen Argyle, meinen Schwager, dann die Grafen von Morton und Rutven an meiner Seite. Diese drei danken mir ihre Begnadigung und werden mich nicht im Stiche lassen. Es ist ein Vertrag aufgesetzt worden, laut welchem sie sich verpflichten, Darnley zu tödten, weil er sich gegen die Königin auf unerträgliche Weise benommen und ein Feind des Abels ist. Das Papier mit den Unterschriften ist in meinen Händen. Du aber bist ein Schwachkopf und nicht werth, daß man sich mit Dir von solchen Sachen unterhält."

Paris willigte ein und war vermuthlich weit nachgiebiger, als er später vor Gericht betheuerte. Er versprach, ein Fäßchen mit Pulver in das Haus Balfour's schaffen zu lassen, während sich Maria bei Darnley befand.

Die Nacht des 9. Februar kam heran. Die Königin hatte ein Bett mit Vorhängen von neuem Sammt aus dem Zimmer des Königs fortnehmen und durch ein altes ersetzen lassen. Auch eine kostbare Decke von Marderfellen ließ sie entfernen. Während sie mit Darnley traulich und scheinbar liebevoll plauderte, schleppten die Männer Pulversäcke herbei, die von Paris und den beiden Hauptverschworenen, Hay und Hepburn, die sich im Hause Balfour's versteckt gehalten, in Empfang genommen wurden. Man häufte sie auf dem Boden des Erdgeschosses unmittelbar unter der Stelle an, wo sich das Bett des Königs befand.

Als Alles fertig war, stieg Paris die Treppe hinauf und erschien im Gemache. Da fiel es der Königin ein, daß sie versprochen habe, einem Maskenfest in Holyrood beizuwohnen, das zur Feier der Hochzeit einer ihrer

Kammerfrauen mit ihrem französischen Diener Sebastian gegeben wurde. Sie nahm vom König Abschied, der, als ob er eine Gefahr ahne, plötzlich traurig geworden war.

Ein Gefolge mit Fackeln, die Earls von Argyle, Huntley, Cassilis, Bothwell geleiteten Maria. Sie war heiter. Als sie in Holyrood eintrat, begegnete ihr einer von Bothwell's Dienern. „Was riechst Du so sehr nach Pulver?" fragte die Königin. Sie erhielt eine ausweichende Antwort.

Darnley hatte inzwischen die Bibel aufgeschlagen und las den fünfundsechzigsten Psalm. Sein Page Taylor saß bei ihm. Drei Tage zuvor hatte er von Robert Stuart, dem jüngern Bruder der Königin, eine Mahnung erhalten, auf seiner Hut zu sein. Aber bei einer Aufforderung, seine Angaben zu wiederholen und zu bestätigen, hatte Robert Ausflüchte gesucht.

In Holyrood brauste der Ball, die Königin tanzte. Bothwell hatte sich indeß verloren, seine reichen Kleider mit unscheinbaren vertauscht und war, von vier Freunden, darunter Paris, begleitet, durch den Garten zur Stadt hinausgegangen, wobei er vom Pförtner angeredet wurde. So kam er an das Haus Balfour's. Eine lange Lunte wurde in das ebenerdige Schlafzimmer geleitet, dann zogen sich die Verschwörer zurück. Eine lange Zeit verging, ohne daß man etwas vernahm. Spannung, sorgenvolle

Erwartung bemächtigte sich Aller, Bothwell ging im anliegenden Klostergarten ungeduldig umher. Die Minuten schienen ihm Ewigkeiten und er konnte nur mit Mühe abgehalten werden, zurückzukehren und nachzusehen, was der Lunte fehle. Da machte eine furchtbare Explosion der Spannung ein Ende, das Haus Balfour's platzte mit entsetzlichem Gekrach, die Steine flogen weit hinaus. Paris fiel ohnmächtig nieder und selbst der muthige Bothwell murmelte: „Manches hab' ich mitgemacht, aber so war mir noch nicht zu Muthe!"

Indeß zeigte es sich später, daß Darnley und sein Page nicht durch die Explosion zu Grunde gegangen, sondern schon früher von Hay und Hehburn ermordet worden waren. Man fand Darnley's Leiche, nur mit einem Hembe bekleidet, im nahen Obstgarten, sein Pelz lag daneben, er und der Page waren ohne Brandwunden — man hatte sie erdrosselt und durchs Fenster hinausgeworfen. Diese letztere That war ein Versehen der Mörder; das Haus wurde ja eben in der Absicht in die Luft gesprengt, um die Spuren des Mordes zu verwischen.

War Maria Mitwisserin? Sie hielt sich in ihren Gemächern verschlossen und war nicht zu sehen. Um elf Uhr des andern Tages schrieb sie ihrem Gesandten in Paris, dem Erzbischof von Glasgow: „Der Vorfall ist so gräßlich und so befremdend, wie man es niemals in irgend einem Lande erlebt hat. Nicht ein Stein ist auf dem andern geblieben — es muß durch Gewalt, durch eine Mine geschehen sein. Bei dem Eifer, den der Staatsrath der Untersuchung weiht, zweifeln wir nicht, daß die Sache bald aufgeklärt sein wird, und da Gott es nicht zulassen kann, daß dergleichen verborgen bleibe, hoffen wir das Verbrechen mit solcher Strenge zu bestrafen, daß es zur Warnung vor solcher Grausamkeit in allen Jahrhunderten dienen soll. So viel steht fest, daß, wer auch der Thäter gewesen, seine Absicht sowohl auf uns als auf den König ging, denn wir schliefen fast die ganze letzte Woche in seinem Hause, waren noch am Tage, begleitet von mehreren Lords, bis gegen Mitternacht bei dem Könige und wurden nur durch eine zufällige Maskerade abgehalten, die Nacht dort zuzubringen. Aber es war kein Zufall, sondern Gott selbst, der uns eingab, das Haus zu verlassen."

In diesem Briefe wird Gott zweimal genannt und angerufen, der Brief hat auch eine zutrauenerweckende Natürlichkeit. Wäre nur nicht später bei dem Diener Paris ein silbernes Kästchen gefunden worden, worin Bothwell die Briefe der Königin an ihn und allerlei Gedichte, von ihrer eigenen Hand geschrieben, verwahrte! Ein verhängnißvolles Licht fällt daraus auf die Ereignisse, die wir so eben berichtet, und auf eine ganze Vergangenheit zurück. So schreibt sie aus Glasgow, wo sie sich bekanntlich so plötzlich und zärtlich mit Darnley aussöhnte: "Als ich den Ort, wo mein Herz zurückgeblieben, verlassen hatte, urtheilt, wie mir zu Muthe war, da ich mir vorkam wie ein Leib ohne Seele!" Weiter sagt sie über die Reise: "Ich sah ihn noch nie sich so gut betragen, so sanft sprechen! Wüßte ich nicht aus Erfahrung, daß sein Herz so weich ist wie Wachs und meines hart wie Diamant, ich glaube, ich hätte mit ihm Mitleid haben müssen. Ihr braucht indessen nichts zu fürchten. Ihr zwingt mich", schreibt sie weiter, "zu so großer Verstellung, daß ich darüber Entsetzen fühle. Vergeßt es nie, daß ich, ohne von dem Wunsche, Euch zu gefallen, getrieben zu sein, lieber stürbe, als solche Dinge zu begehen. Wir sind verheirathet, Ihr und ich, mit recht hassenswerthen Personen. Möge die Hölle diese Fesseln brechen und der Himmel uns lieblichere Bande schmieden, die nichts mehr zerreißen kann. Möge er aus uns ein Paar machen, treu und zärtlich, wie es nie dagewesen." Endlich erwähnte sie ein "attentat terrible". Die liebenswürdige Französin bekommt plötzlich die grauenhaften Züge der Lady Macbeth, indem sie in Bezug auf ihren kranken Gatten an Bothwell schreibt: "Denkt nach, ob sich nicht irgend ein Geheimmittel fände, das man ihm als Arznei eingeben könnte." ("Voyez si l'on ne pourroit point imaginer quelque moyen secret en forme de remède.")

Aus jener Zeit, wo sie die Gesellschaft floh, um einsam zu weinen, scheinen alle die Sonette zu stammen, die sich später in Bothwell's Kästchen fanden. Eins davon lautet:

> Hab' Mitleid, Gott, zu dem ich einsam weine,
> Und sag', welch Zeichen ihm die Kummervolle
> Von ihrer Lieb' und Treu' noch geben solle,
> Welch Zeichen, das ihm eitel nicht erscheine?
>
> Den Leib gab ich ihm hin, das Herz hat keine
> Ihm fremde Regung, der Verwandten Grolle
> Setzt' ich mich aus, damit der Freund nicht schmolle,
> Und geh in Schande unter als die Seine.
>
> All meine Freunde will ich gern vermissen
> Und Gutes mir von meinem Feind versprechen,
> Die Ehre gab ich ihm und mein Gewissen.
>
> Für ihn will ich mit Welt und Menschen brechen
> Und seinen Ruhm mit meinem Tod besiegeln:
> Was bleibt noch, um ein treues Herz zu spiegeln?*)

Wie dieses vorstehende Sonett eine unermessene Hingebung ausspricht, welche vor nichts zurückschreckt,

---

\*) O Dieu, ayez de moi compassion
Et m'enseignez quelle preuve certaine
Je puis donner, qui ne lui semble vaine
Le mon amour et ferme affection.

Las! n'est il pas déjà en possession
Du corps, du coeur, qui ne refuse peine
Ny dishonneur en la vie incertaine
Offence de parens, ni pire affection.

Pour lui tous mes amis j'estime moins que rien
Et de mes ennemis je veux espérer bien,
J'ai hazardé pour lui et nom et conscience.

Je veux pour lui au monde renoncer,
Je veux mourrir pour le faire avancer:
Que reste plus pour prouver ma constance?

so findet sich im folgenden die Liebe im höchsten Maße der Leidenschaft mit ihrer Qual, ihrem Glücke, ihrer Eifersucht und Begehrlichkeit:

> Mein Herz, mein Blut, mein Freund, Quell meiner Sorgen!
> Du gabst Dein Wort zum Pfand, zu mir zu kommen,
> Die Nacht mit mir zu kosen bis zum Morgen —
> Was lässest Du mich schmachten tiefbeklommen?
>
> Ich fühl' mein Herz von Todesangst gestochen,
> Ich seh' mich fern vom Rausche meiner Wonnen,
> Ich zittre, daß Dein Herz mit mir gebrochen,
>
> Daß Kälte und Vergessen Dich umsponnen,
> Ich glaub', daß böser Zungen Gift uns trenne,
> Und meine Liebe in sich selbst verbrenne.\*)

Wie in diesen mitgetheilten Sonetten, ist die Königin auch in allen übrigen dem geliebten Manne gegenüber verschwunden; nur ein von Liebe ergriffenes Weib ist da, das in Unterwürfigkeit blindlings folgt, wohin Bothwell es führt. Sie fühlt das Grauen, das der Mann vor ihr haben muß, und ergreift jede Gelegenheit, sich so kindlich zu stellen als möglich. Nur um seinetwillen kann sie

---

\*) Mon coeur, mon sang, mon ami, mon souci,
   Las! vous m'avez promis qu'aurions plaisir
   De diviser avec vous à loisir
   Toute la nuit ou je languis ici.

   Ayant le coeur d'extrême peur transi
   Pour vous absent du bal de mon désir.
   Crainte d'oublier un coup me vient a saisir,

   Et l'autrefois, je crains que rendurci
   Soit contre moi votre aimable coeur
   Par quelque dit d'un méchant rapporteur.

dergleichen Dinge begehen, d. h. nur in diesem exceptionellen Falle so handeln, nur mit diesem einzigen Manne die Sünde begehen, nur mit ihm und für ihn so lügen und trügen!

Von dem Tage an, an welchem die Authenticität der im silbernen Kästchen gefundenen Briefe Maria's festgestellt und somit ihre Theilnahme am Morde ihres Gemahls erwiesen wurde, ist Maria's Proceß vor der Geschichte verloren gewesen. Er hätte aber auch nie so lange gedauert, ihre Schuld wäre nie bestritten worden, wenn nicht ihr Unglück in neunzehnjähriger Haft, die Barbarei ihrer Hinrichtung und der hochherzige Muth, mit dem sie das Schaffot bestieg, es der katholischen und jakobitischen Partei ermöglicht hätte, an das Gemüth zu appelliren. Ihre Unschuld kann nach der Darstellung Laing's in seiner „History of Scotland" Niemand mehr behaupten.

Die große Masse ihrerseits bekümmert sich wenig um die Details der Geschichte, selbst ihrer interessantesten Persönlichkeiten, wenn diese dreihundert Jahre todt sind, und so ist denn beim Publikum jene Charakteristik Maria's die feststehende, welche es durch Schiller's Tragödie erhalten. Es war ein Weib zu schildern, naiv und grausam, kindlich und sinnlich, zuerst die Verderberin, der schöne, lächelnde Würgengel vieler Männer, zuletzt das

Opfer eines rohen, aber energischen Gewaltmenschen. Es war eine Welt voll Fanatismus, Trug, Gewaltthat, Leidenschaft und Heuchelei zu malen; aber die Darstellung solch einer Welt muthete Schiller nicht an, den Dichter, dessen eigenthümliches Wesen die Begeisterung für allgemeine Rechte, jugendlicher Freiheitsdrang und kosmopolitische Menschenliebe waren. Eine Verbrecherin zu malen mit der Miene der Unschuld, eine Frauennatur, in welcher sich Extreme mischen, das lag außerhalb der Grenzen seiner künstlerischen Absichten, vielleicht auch außerhalb der Grenzen seiner dichterischen Schöpferkraft. So zeigte er uns blos die duldende, höchstens ihren Leichtsinn büßende Frau, deren ganze erschütternde Vergangenheit er nur mit zwei Versen oberflächlich berührt:

> Du hast den Sänger Rizzio beglückt,
> Und jener Bothwell durfte Dich entführen.

Eine ganze Welt von Dingen ist in Schiller's Dichtung übergangen worden, um uns blos einen rührenden Abschied vom Leben zu zeigen.

Der interessanteste dramatische Stoff scheint somit noch immer der poetischen Bewältigung vorbehalten. Björnsterne Björnson hat daraus ein herrliches dramatisches Fragment aufgebaut, das aber leider nur ein Fragment geblieben.

## III.

Doch nur allzu lange haben wir in einer fernen Vergangenheit geweilt und in alten Gemächern vor verwitterten Bildern uns an alte Blutgeschichten erinnert; der Tag ist hell, wir treten ins Freie, und der großartige Ernst des Gegenwärtigen haucht uns mit belebendem Odem an.

Man nennt Edinburgh das nordische Athen. Es war es lange und ist es vielleicht noch immer. Monumente erinnern allenthalben an ausgezeichnete Dichter und Denker, die hier gewandelt, die Universität, die Bibliotheken, die Sammlungen, Gallerien und Museen sind großartig. Alles mahnt uns daran, daß dieser Boden von Geschlecht zu Geschlecht bedeutende Männer erstehen ließ, man empfindet die Bildung von heute als ihr Werk.

Es ist nicht blos Ossian und die alte Balladenpoesie, Scott und seine Dichtung, die uns hier immer neu anregend vor die Seele treten; bis in die letzte Zeit hinein hat das arme kleine Gebirgsland mächtig eingegriffen in die europäische Gefühls- und Gedankenwelt. Es erwachte ziemlich spät. Während Shakspeare, Milton, Hobbes, Locke, Shaftesbury in England schrieben, hatte Schottland noch keine Autoren von auch nur annähernder Bedeutung. Der theologische Standpunkt verengerte alle Gesichtskreise, Pfaffengezänk verbitterte die Gemüther; der Presbyterianismus, eine besonders strenge Form des Calvinismus, regierte unumschränkt. Selbst nachdem Schottland in England aufgegangen war, hatten die Schotten noch keine Literatur. Da sollten zwei Geister auferstehen, welche alle Augen auf Edinburgh lenkten.

Der eine davon war David Hume, ein Geist, wie das achtzehnte Jahrhundert kaum einen gleichen hatte; der andere Adam Smith, der Begründer der Nationalökonomie als Wissenschaft. Als Nebengestirne neben diesen Sternen erster Größe tauchten Robertson, Thomas Reid, Ferguson, Dugald Stuart auf.

Nun sollte auch die Poesie zwei unvergleichliche Repräsentanten in Schottland finden. Walter Scott, der romantische Liebhaber der Vergangenheit, entzückte die ganze Welt mit seinen Gebilden, daß sich eine geraume Zeit alle Blicke dem Hochlande zuwandten. Eine reichere Fülle origineller Charakterschilderung war seit Shakspeare nicht dagewesen. Daß durch seine Werke als tragischer Zug die Klage um den Untergang des Ritterthümlichen ging, das merkten die Wenigsten.

Viel deutlicher kam die Trauer um Schottland in dem andern großen Dichter, in Robert Burns zum Ausdruck. Arm geboren und geboren, um arm zu bleiben, dichtete er seine ersten Lieder als Bauer hinter dem Pfluge, die spätern zu Pferde als Zolleinnehmer. Er ist ein Repräsentant aller schottischen Tugenden und Fehler in seiner Mannhaftigkeit und seinem Trotz, seiner Treue, Biederkeit und in seiner starren Unbeugsamkeit.

Neben diesen zwei großen Poeten, dem Aristokraten und dem Plebejer, welche unter sich die beiden großen Richtungen schottischer Dichtung theilen, stehen Macpher= son, Beattie, Allan Ramsay, Thomas Campbell nur wie Typen vereinzelter Richtungen da.

Während in England die insulare Abgeschlossenheit zum Ausdruck kam, trat im schottischen Geist ein Trieb des Generalisirens und Zusammenfassens allgemeiner mensch= licher Interessen auf und wirkte äußerst günstig auf Groß= britannien ein. Die Schotten hatten schon in alter Zeit, in den Blütentagen der Scholastik, einen großen Ruf — Duns Scotus und Scotus Erigena waren Lichter der damaligen Wissenschaft; jetzt, seit David Hume, Smith, Monboddo, Playfair, begründeten sie die Kritik in Groß= britannien. Noch heute ist, was England an Philosophie hat, schottischen Ursprungs.

Ein Produkt des Zusammengreifens befreundeter Geister, das von außerordentlicher Bedeutung sein sollte, war die Edinburgh Review, von Francis Jeffrey 1802 begründet. Die Schotten Smith, Horner, Murray, Lord Brougham, Mackenzie, Malcolm Laing, Macaulay waren ihre Mitarbeiter; eine ähnliche Genossenschaft ist wohl selten beisammen gewesen.

Dies war eine Glanzepoche. Sie ist im Erlöschen. Die Centralisation in London macht sich nur allzu mächtig geltend. Tonangebende Denker nnd Führer sucht man jetzt in Edinburgh vergebens. Macaulay und Thomas Carlyle leben in London, nur zwei Schriftsteller, William Hamilton und Alison, haben nicht aufgehört, schottisch zu sein und zu fühlen, und bringen schottisches Leben, schottische Anschauungen noch zum Ausdruck. Die Hochlande veröden; die Gutsherren treiben die Pächter, welche Zahlungsrückstände schulden, aus den Hütten und machen diese dem Boden gleich, daß Raum für die Schafheerden werde. Die Haiden und Moore werden immer öder, damit Glasgow und Paisley zu ungeheuren Industrieorten heranwachsen. Nur der starke, mannhafte Volksgeist hemmt den raschen Untergang, sonst müßte das Land außerhalb der großen Städte ähnlich wie Wales und Irland verwahrlosen.

So verlassen wir Schottland mit einem Gefühl der Trauer. Es ist das Schottland, das es vor fünfzig Jahren war, nicht mehr. England hat sich dort bereits vollständig festgesetzt mit seinen Essen, Schloten, Maschinen, Webstühlen; hier wie dort gibt es nur noch zwei Klassen von Menschen, die sehr Reichen und die sehr Armen.

Diese Bewegung ist unaufhaltsam, die Schicksale Eng=
lands werden sich bis in die letzten Ausläufer des Reichs
hinaus erfüllen. Was dann? ruft der Reisende und
schaut in die Wellen. Aber sie rauschen nnd rauschen,
ohne daß er ihre Antwort versteht.


Ende.